Grundschule

Birgit Brandenburg

Konzentration Grundschule

Steigerung Schritt für Schritt

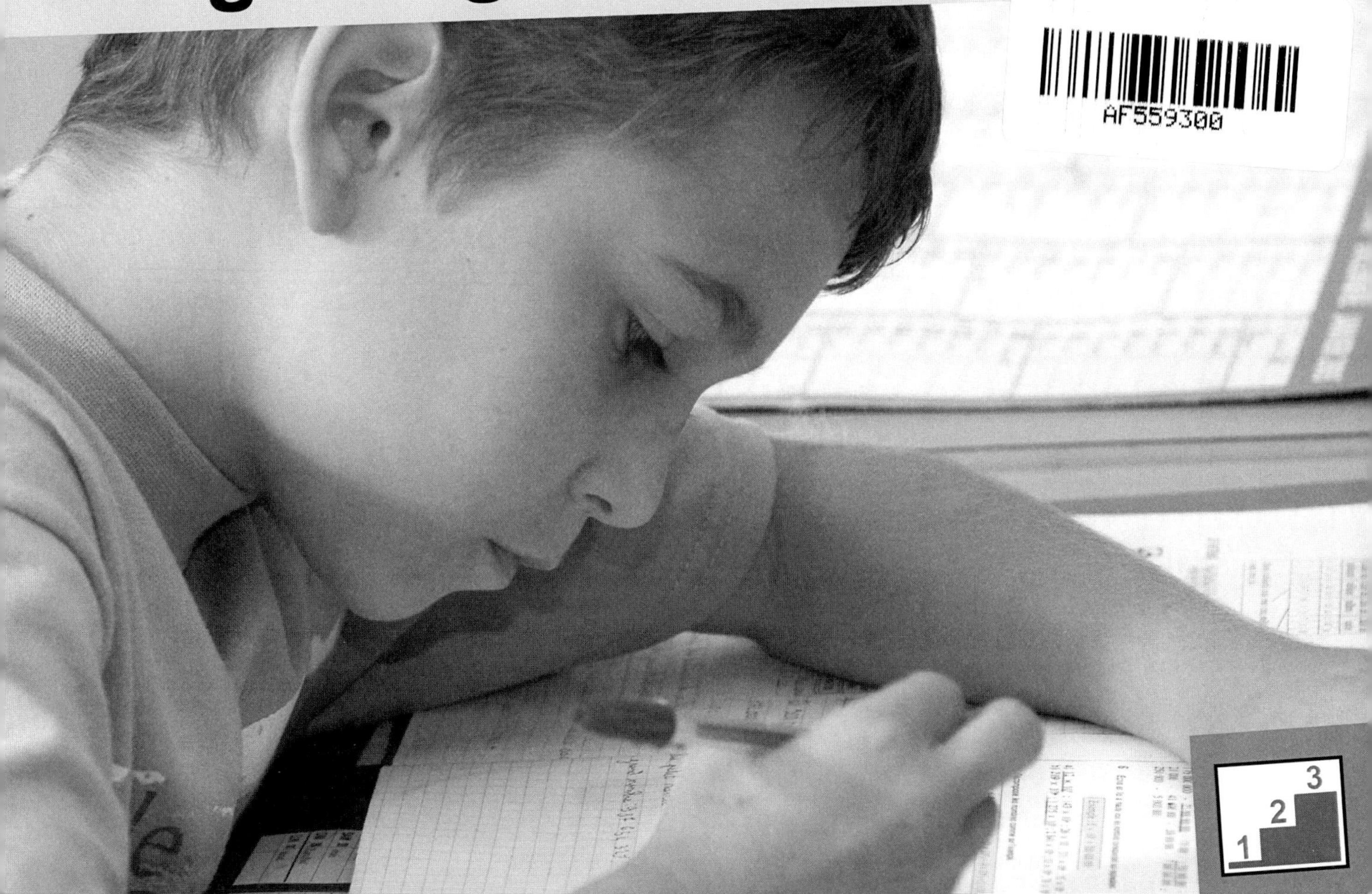

Aufeinander aufbauende Übungen in verschiedenen Niveaustufen

www.kohlverlag.de

Konzentration GRUNDSCHULE

Steigerung Schritt für Schritt

3. Auflage 2024

Inhalt: Birgit Brandenburg
Coverbild: © Prod. Numérik - fotolia.com
Redaktion: Kohl-Verlag
Grafik & Satz: Kohl-Verlag
Druck: farbo prepress GmbH, Köln

Bestell-Nr. 11 649

ISBN: 978-3-95686-623-4

Der vorliegende Band ist eine Print-Einzellizenz

Sie wollen unsere Kopiervorlagen auch digital nutzen? Kein Problem – fast das gesamte KOHL-Sortiment ist auch sofort als PDF-Download erhältlich! Wir haben verschiedene Lizenzmodelle zur Auswahl:

	Print-Version	PDF-Einzellizenz	PDF-Schullizenz	Kombipaket Print & PDF-Einzellizenz	Kombipaket Print & PDF-Schullizenz
Unbefristete Nutzung der Materialien	x	x	x	x	x
Vervielfältigung, Weitergabe und Einsatz der Materialien im eigenen Unterricht	x	x	x	x	x
Nutzung der Materialien durch alle Lehrkräfte des Kollegiums an der lizensierten Schule			x		x
Einstellen des Materials im Intranet oder Schulserver der Institution			x		x

Die erweiterten Lizenzmodelle zu diesem Titel sind jederzeit im Online-Shop unter www.kohlverlag.de erhältlich.

Inhaltsverzeichnis

KOHL VERLAG Konzentration GRUNDSCHULE Steigerung Schritt für Schritt – Bestell-Nr. 11 649

⦿ ! ★

Inhaltsverzeichnis

Vorwort

Das Konzept

Sehr viele Schüler schaffen es nicht, sich über eine längere Zeitspanne ausschließlich mit einer Sache zu beschäftigen. Diese sich steigernden Konzentrationsübungen machen Spaß und verhelfen spielerisch zu einer verbesserten Konzentrationsfähigkeit.

Doch Konzentrationsfähigkeit ist keine Sache des Willens, sondern des Übens. Da mangelnde Konzentration immer auch mit Stress einhergeht oder auch auf einer Unterentwicklung der sportlichen Fähigkeiten zurückzuführen ist, sollte man diese Faktoren niemals aus den Augen verlieren.

Für die Aufgaben und Übungen im Band gibt es drei Niveaustufen:

! **mittleres Niveau**  **Expertenniveau**

Beim Grundniveau wurde auf eine fast ausschließlich nonverbale und leichte Aufgabenstellung geachtet. Damit soll gewährleistet sein, dass die lernschwächeren Schüler die Aufgaben selbstständig bewältigen können. Sie stellen das Grundniveau dar.

Anschließend wurden die Aufgaben für die mittlere Niveaustufe bereits etwas anspruchsvoller gestaltet, da es Unterschiede im Grad der Lernschwäche und damit verbundenen Konzentrationsfähigkeit gibt. Wer in einem Bereich als lernschwach gilt, kann in einem anderen vielleicht ein mittleres Niveau erreichen.

Auf dem Expertenniveau für die leistungsstarken Schüler handelt es sich um umfangreichere und insbesondere auch anspruchsvolle Aufgaben.
Die Übergänge zwischen den drei Niveaustufen können fließend sein. So können sich Schüler auch an die nächsthöhere Leistungsstufe wagen, vor allem wenn es sich um nonverbale Aufgabenstellungen handelt. Ein Teilerfolg in der nächsthöheren Stufe kann schon ein absoluter Erfolg für den Schüler sein.

Viel Freude und Erfolg beim Einsatz der vorliegenden Kopiervorlagen wünschen Ihnen der Kohl-Verlag und

Birgit Brandenburg

Konzentration GRUNDSCHULE
Steigerung Schritt für Schritt – Bestell-Nr. 11 649

1a Linien – nichts als Linien

Aufgabe 1: *Zeichne die Linien nach ihrem Muster weiter.*

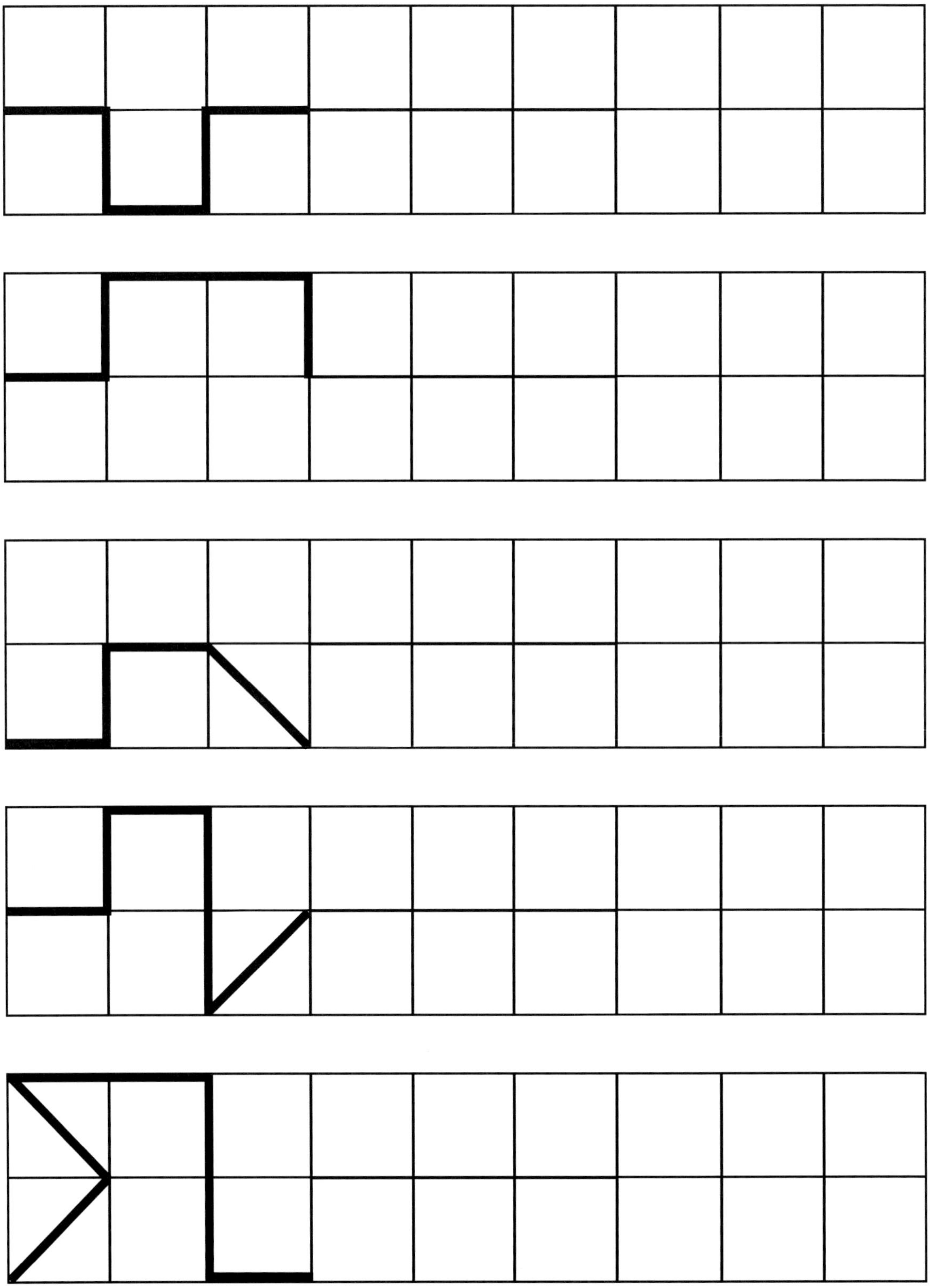

1b Linien – nichts als Linien !

Aufgabe 1: *Verbinde die Punkte wie in den Bildern, ohne den Stift abzusetzen.*

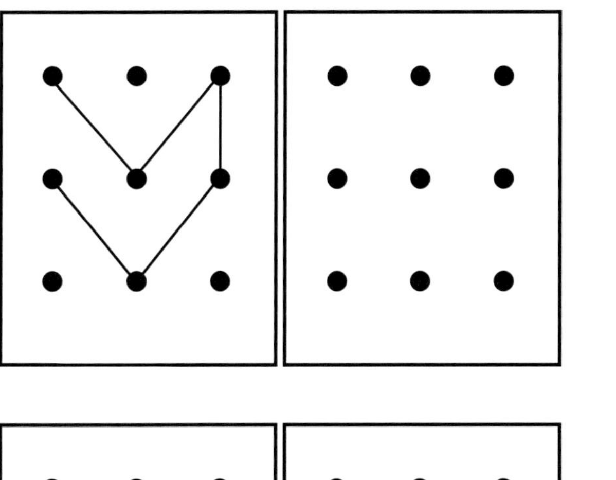
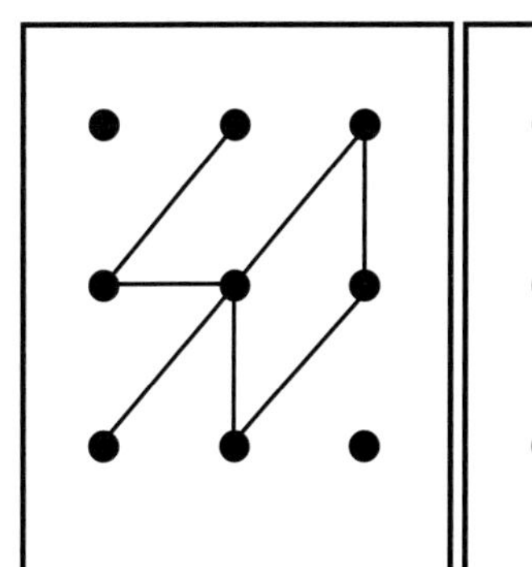
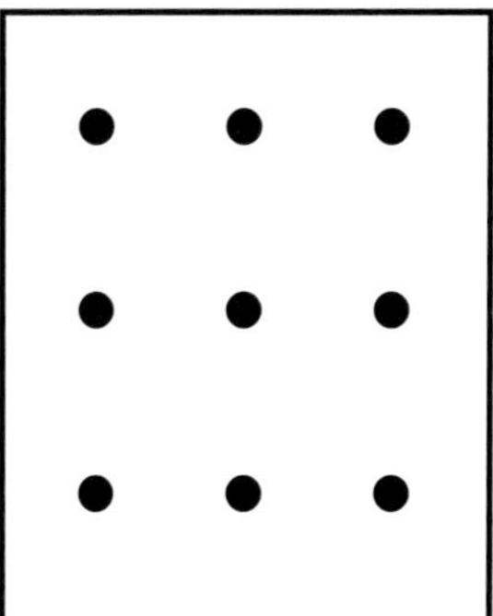

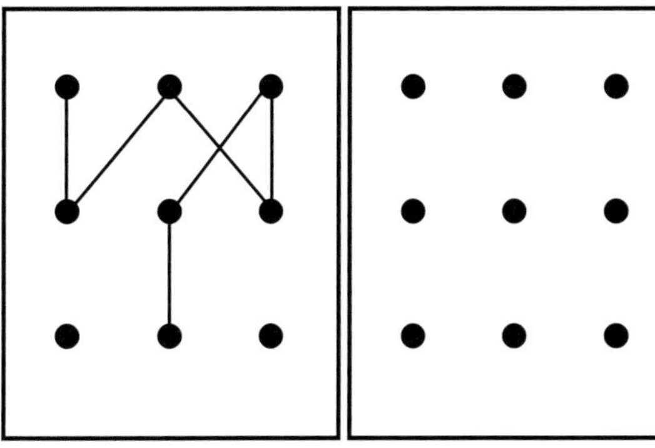
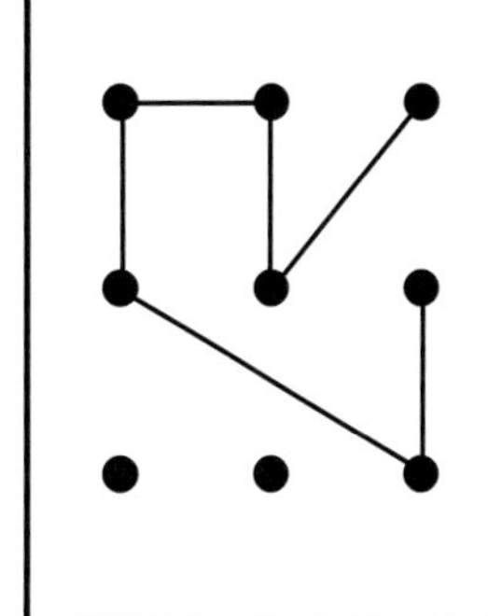
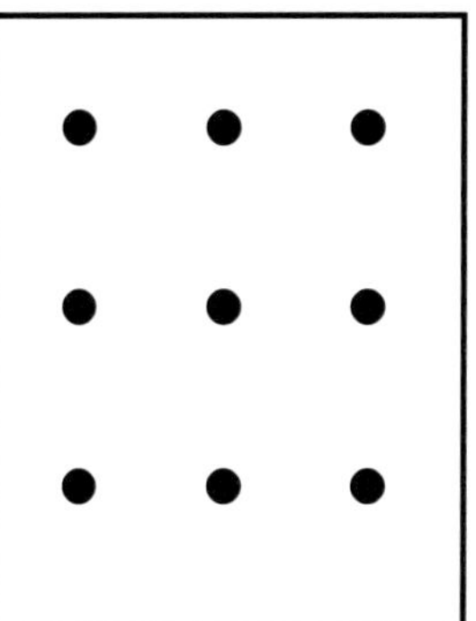

Aufgabe 2: *Male die Felder den Farben entsprechend aus.*

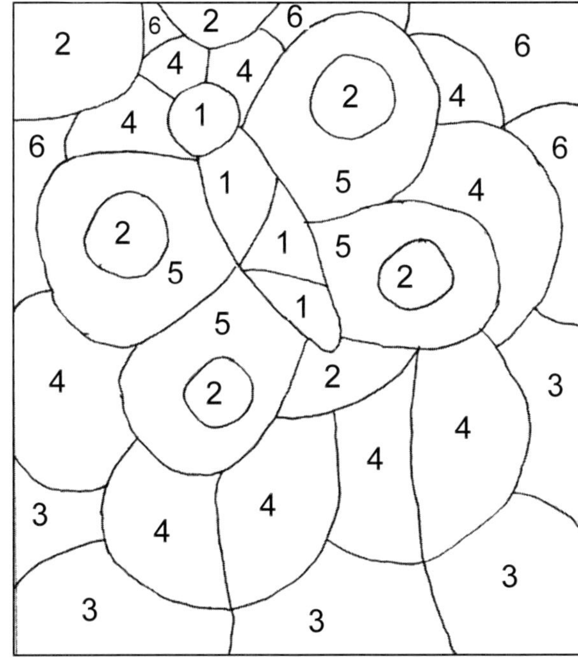

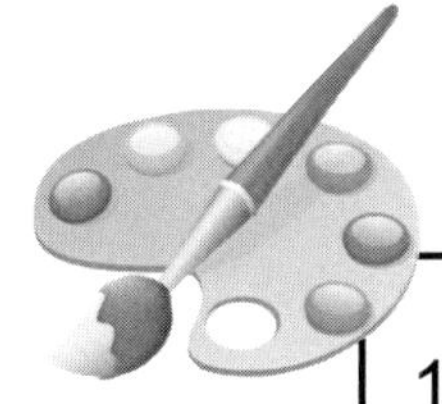

1 = dunkelblau
2 = gelb
3 = grün
4 = rosa
5 = rot
6 = hellblau

1c Linien – nichts als Linien 

Aufgabe 1: *Suche einen Weg.*

Regeln

1. Schneide die Spielmarken aus.
2. Besuche einen Kreis und lege die Nr. 1 darauf.
3. Jeder Weg von Kreis zu Kreis darf nur einmal gegangen werden.
4. Es müssen alle Kreise besucht werden.
5. Die Spielmarken müssen in der Reihenfolge ihrer Nummern benutzt werden.

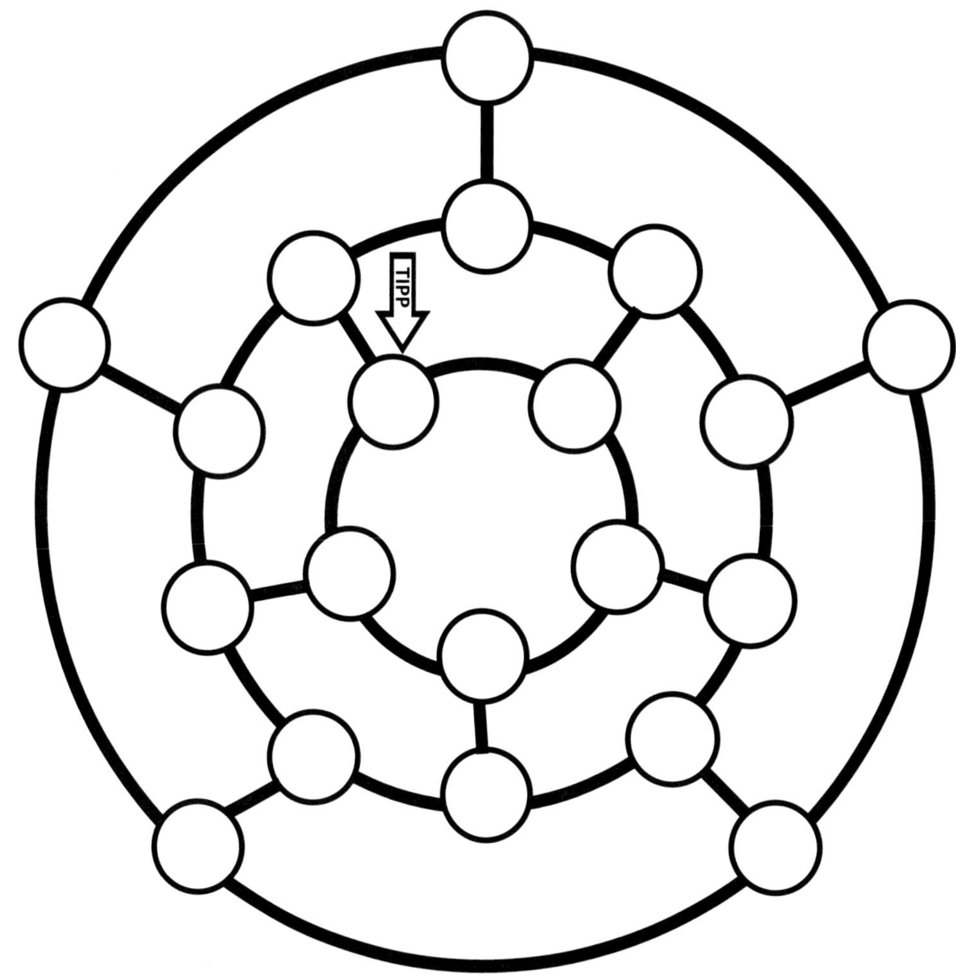

1d Linien – nichts als Linien

Aufgabe 1: *Schneide die Puzzleteile aus. Setze sie zu einem großen T zusammen.*

KOHL VERLAG Konzentration GRUNDSCHULE
Steigerung Schritt für Schritt – Bestell-Nr. 11 649

2a Buchstabenklau

Aufgabe 1: *Suche gleiche Buchstaben und ziehe Verbindungslinien. Setze die fehlenden Buchstaben ein, um ein Paar zu bilden.*

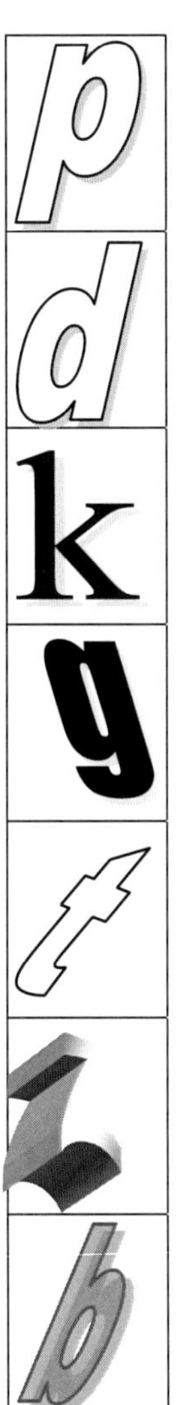

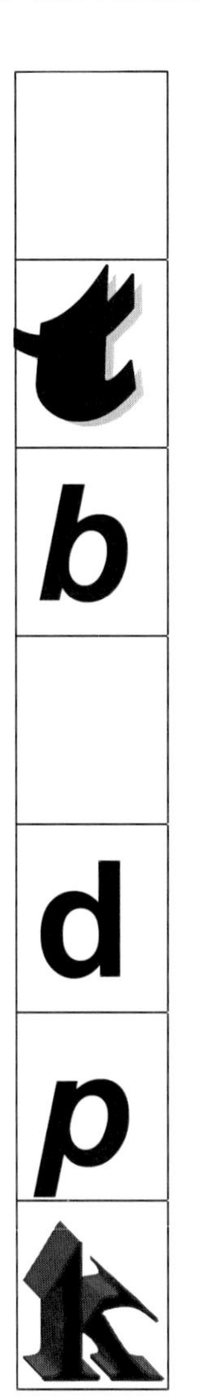

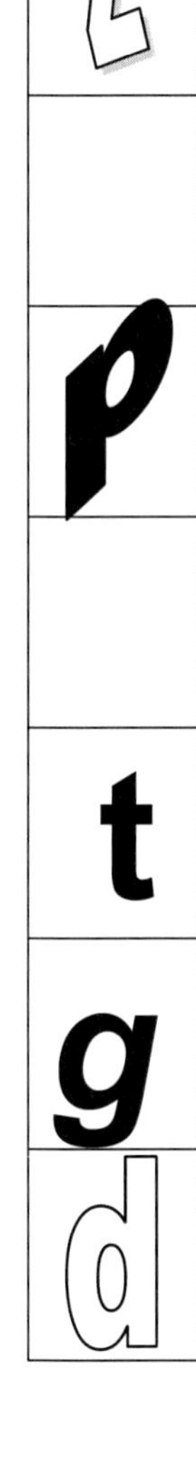

Aufgabe 2: *Wie heißen die Wörter?*

Lösung: ____________ Lösung: ____________ Lösung: ____________

2b Linien – nichts als Linien !

Aufgabe 1: *In jedem Wort steckt eine Zahl. Unterstreiche sie und schreibe das Wort mit der Zahl noch einmal auf.*

Wachturm – Zweisamkeit – Revier – Siebengebirge – Elfenbein – entzwei
Sechszylindermotor – Viereck – Elfmeter – Eintracht – durchdacht
neunmalklug – nachgemacht – Einsatz – dreist – Dreieck – Fünflinge

W8urm – ______________________________

____

____

____

____

____

Aufgabe 2: *Welche Buchstaben fehlen aus dem Alphabet? Sie ergeben das Lösungswort.*

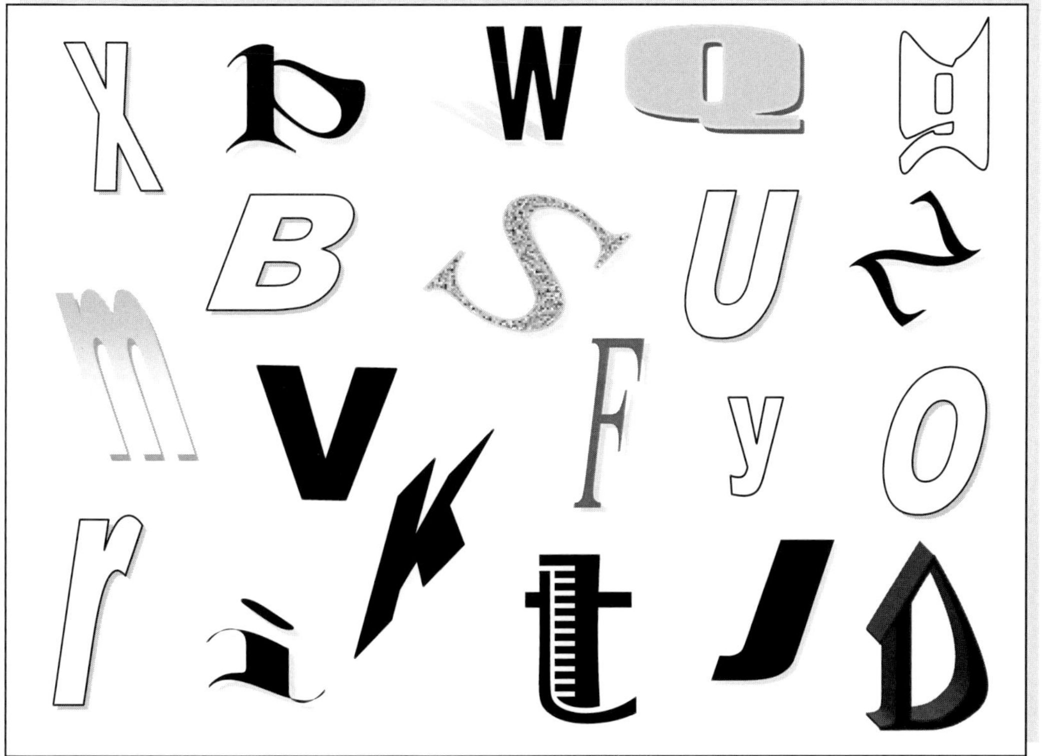

Lösungswort: ______________________

KOHL VERLAG
Konzentration GRUNDSCHULE
Steigerung Schritt für Schritt – Bestell-Nr. 11 649

2c Buchstabenklau ★

Aufgabe 1: *Hollywood lässt grüßen! Finde heraus, wie viele menschliche Schauspieler in dem neuen Kinofilm mitspielen.*

In dem neuen Film aus Hollywood war richtig Action. Vier Gangster wurden von 8 Polizisten in zwei Streifenwagen gejagt, weil sie 4 Bilder aus dem Museum geklaut hatten. Auf dem Bürgersteig saß ein Betrunkener, der seine 5 Sinne nicht mehr beisammen hatte. Die Polizeiwagen überholten einen Schulbus, in dem der Fahrer und 38 Schüler saßen. Plötzlich rannten 2 Taschendiebe in eine Seitenstraße, weil sie gerade vier Frauen bestohlen hatten. Eine Frau mit 5 Hunden an den Leinen sprang schnell zur Seite. Die Gangster rannten in den 80. Stock eines Hochhauses, vorbei an 6 Hausbewohnern, die vor dem Lift warteten.

Es spielen so viele Schauspieler mit: ____________

Aufgabe 2: *Hier fehlen Buchstaben. Setze sie in das Gedicht ein.*

In Ha_burg le_ten zwe_ Amei_en,
die wollten na_h Australien reise_.
Bei Altona* au_ d_r Chaussee**,
da taten ih_en die Bein_ weh,
un_ da verzichte_en sie weise
dan_ auf den l_tzten Teil der Reise.

*Stadtteil von Hamburg
**Landstraße

Aufgabe 3: *Hier fehlen die Vokale (a,e,i,o,u). Schreibe die Wörter richtig in dein Heft.*

Kffbr – Grdrb – Bldr – ff – Kntn – Schf – Snn – Rbtr – Wrt – Zwllng – Zbr

2d Buchstabenklau ⦿ ! ★

Aufgabe 1: *Hier fehlen Buchstaben oder Wörter. Setze sie in die Gedichte ein.*

Johann W. von Goethe - Gefunden

I_h gin_ im _alde
So fü_r mic_ hi_,
U_d nich_s zu such_n,
D_s war m_in Si_n.

I_ S_hatten s_h ich
Ei_ _lümchen st_hn,
Wi_ S_erne leu_htend,
W_e Äuglei_ sch_n.

Ich w_llt _s b_echen,
Da s_gt es f_in:
Soll ich z_m Wel_en
Geb_ochen sein?

Ich grub's _it _llen
Den Wür_lein aus,
Zum Ga_ten tr_g ich's
Am h_bschen H_us.

U_d pflanzt es w_eder
Am _tillen Ort;
Nun zweig_ es im_er
Und blü_t so f_rt.

Felix Dörmann - Am Kamin

Im Ofen knistert lustig laut das Feuer,
Phantastisch zucken Lichter hin und ___,
Ins Spiel der Flammen starrt' ich, weltvergessen,
Mich überflutet der Gedanken ____.

Vorüber zogen meiner Kindheit ____,
So freud- und freundlos, wie bei Andern kaum,
Ein stumpfergebnes Tragen und Entsagen,
Kein sorgenloser, sonnenheller _____.

Und halbzerdrückt sich von den Wimpern löste
Wohl eine Träne nach der andern leis',
Weiß nicht, ob Zornes- oder Sehnsuchtstränen
Doch bitter waren sie und brennend ____.

Aufgabe 2: *Suche dir zwei Partner. Suche dir eins der Gedichte aus und lerne es auswendig. Helft euch gegenseitig beim Auswendiglernen. Bestimmt zum Schluss einen Partner in der Gruppe, der das Gedicht auswendig vor der Gruppe aufsagt.*

Formenfamilien

<u>Aufgabe 1</u>: *Schneide die Quadrate des Clowns auseinander und lege sie zu neuen Clowns um.*

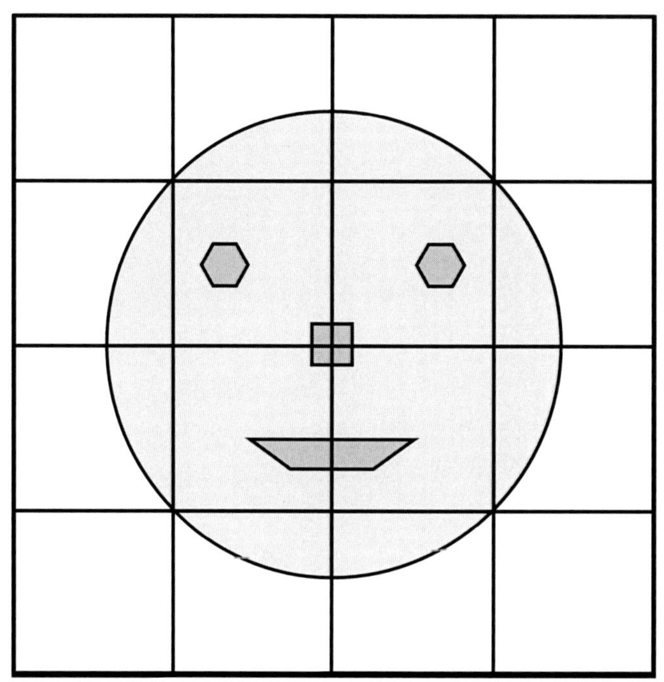

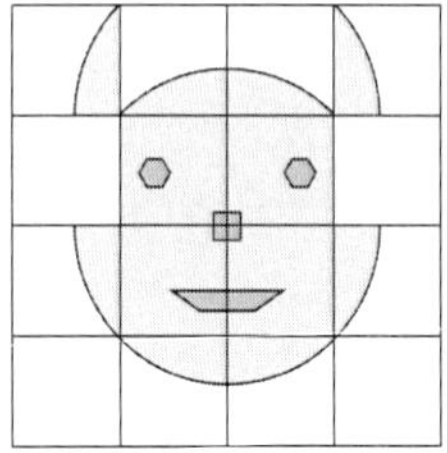
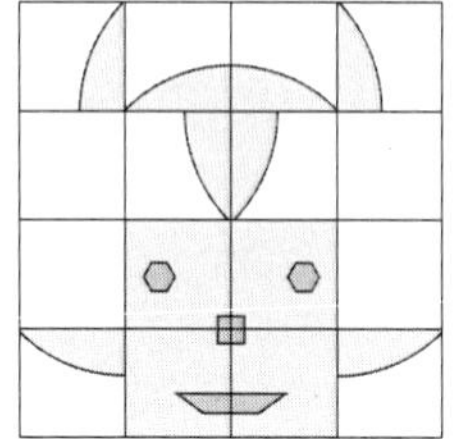
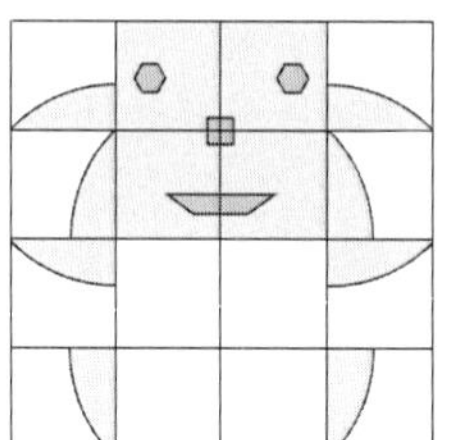
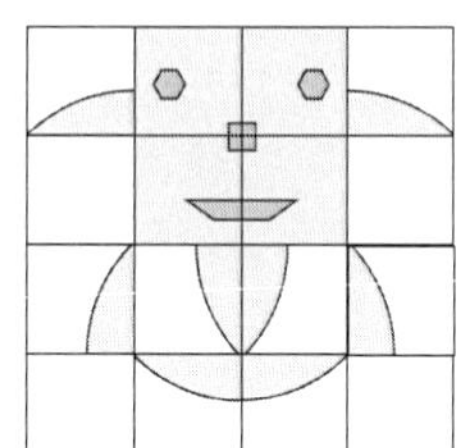
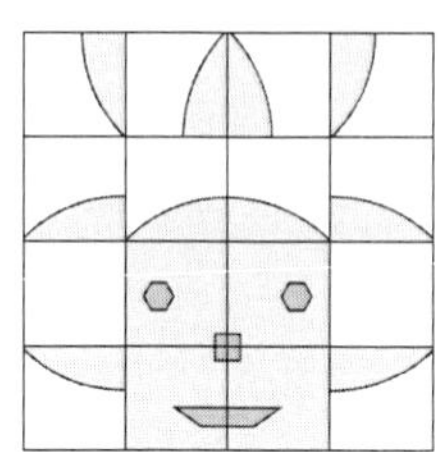
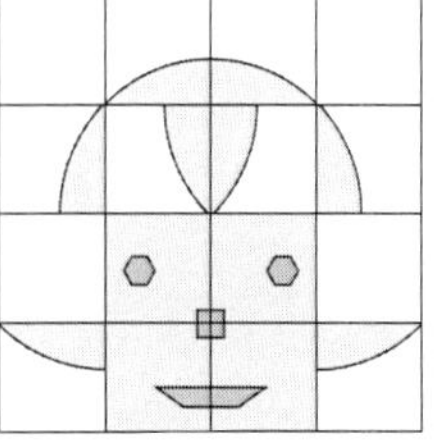
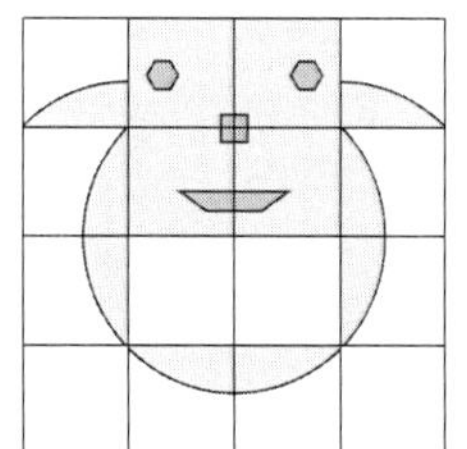
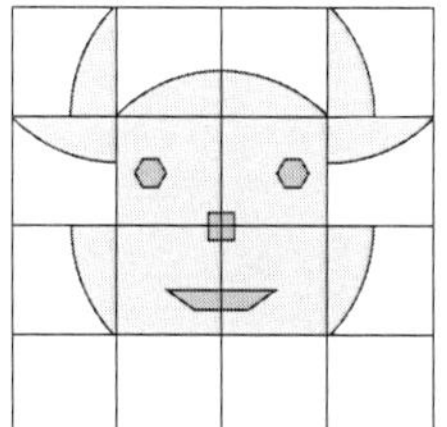
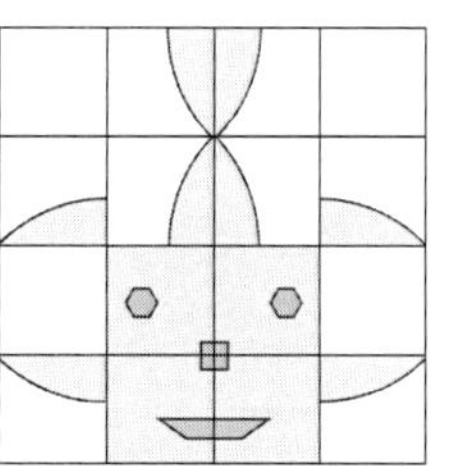
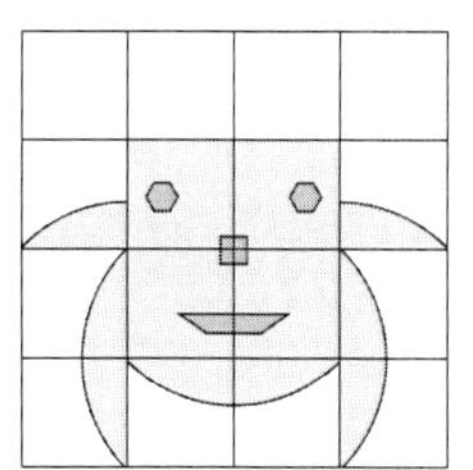
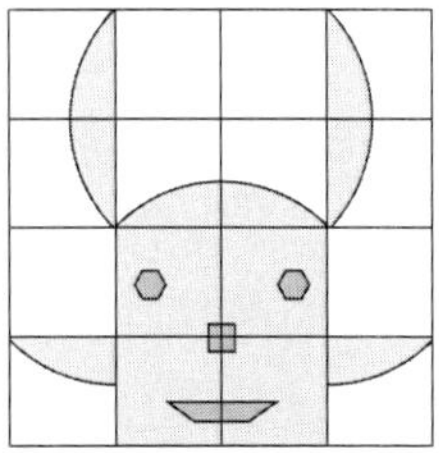
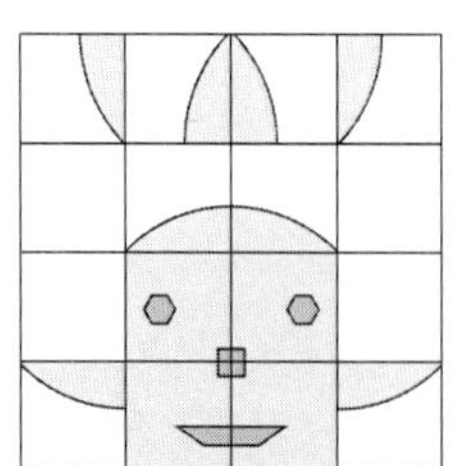
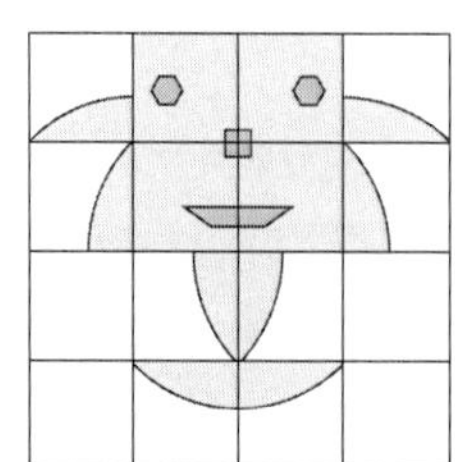
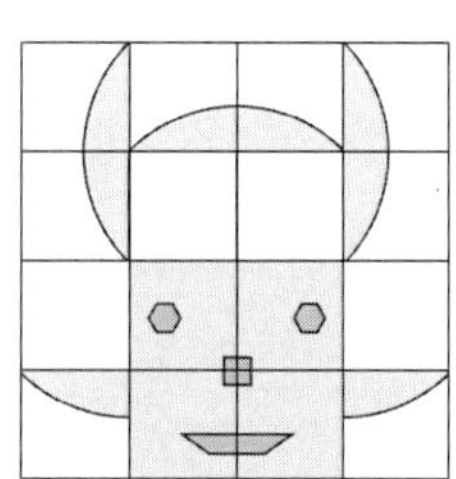
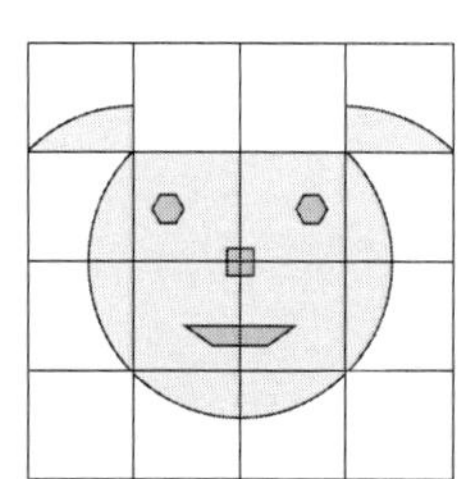

3b Formenfamilien !

Aufgabe 1: *Schneide die unteren Teile aus und lege sie zu den oben abgebildeten Formen zusammen.*

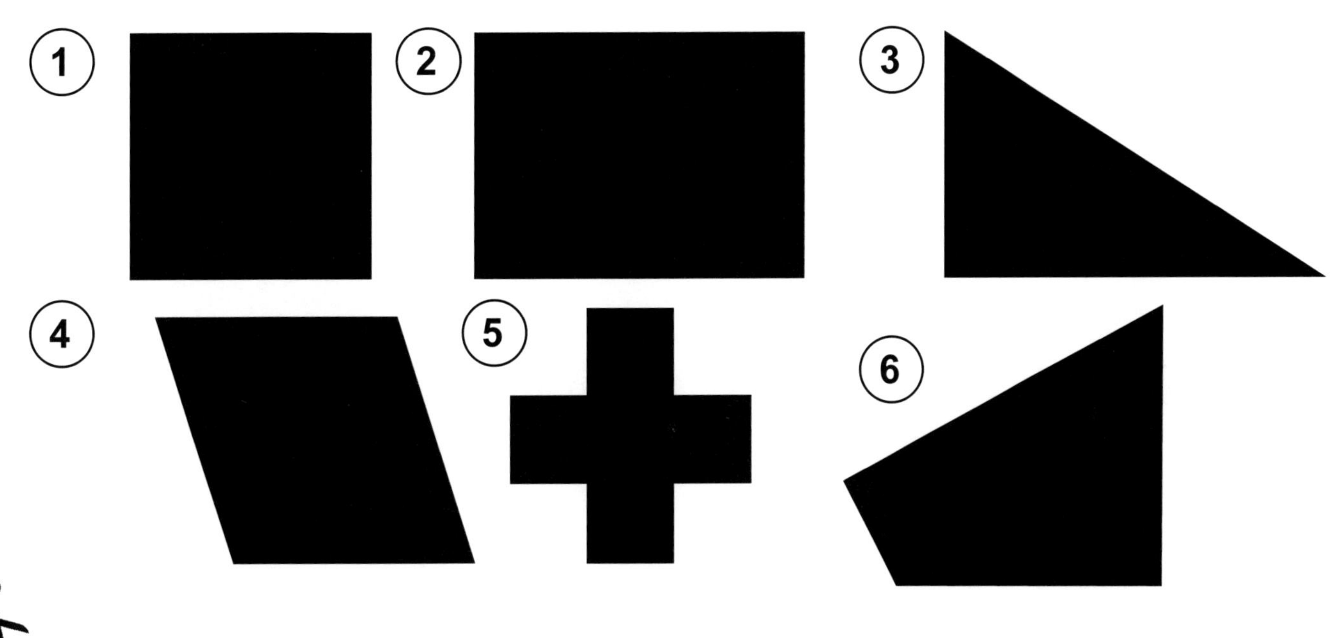

3c Formenfamilien ★

Aufgabe 1: *Schneide die elf Quadrate sorgfältig auseinander und lege sie nach den Regeln in das große Quadrat.*

1. Kein Quadrat darf über die schwarzen Begrenzungslinien ragen.
2. Die Quadrate dürfen an keiner Stelle übereinander liegen.
3. TIPP: 6 Quadrate liegen gerade, 5 Quadrate liegen schräg in dem großen Quadrat.

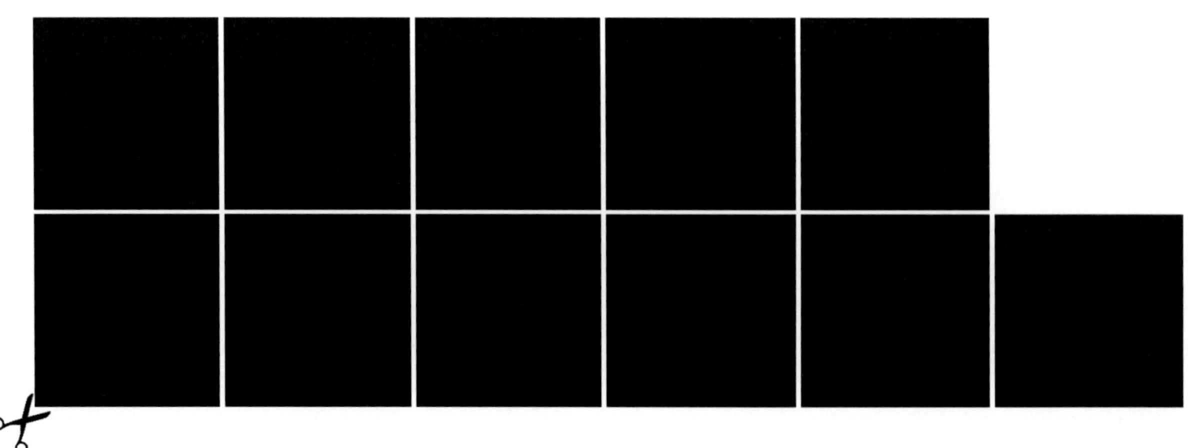

3d Formenfamilien

Aufgabe 1: *Schneide die unteren Teile sorgfältig aus und lege sie zu folgenden Figuren zusammen.*

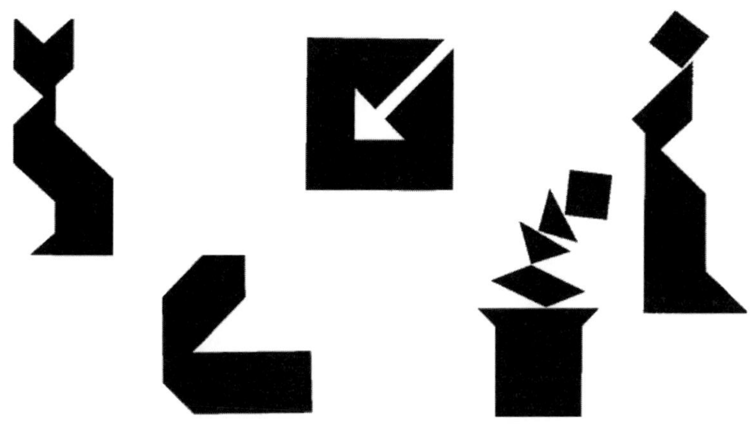

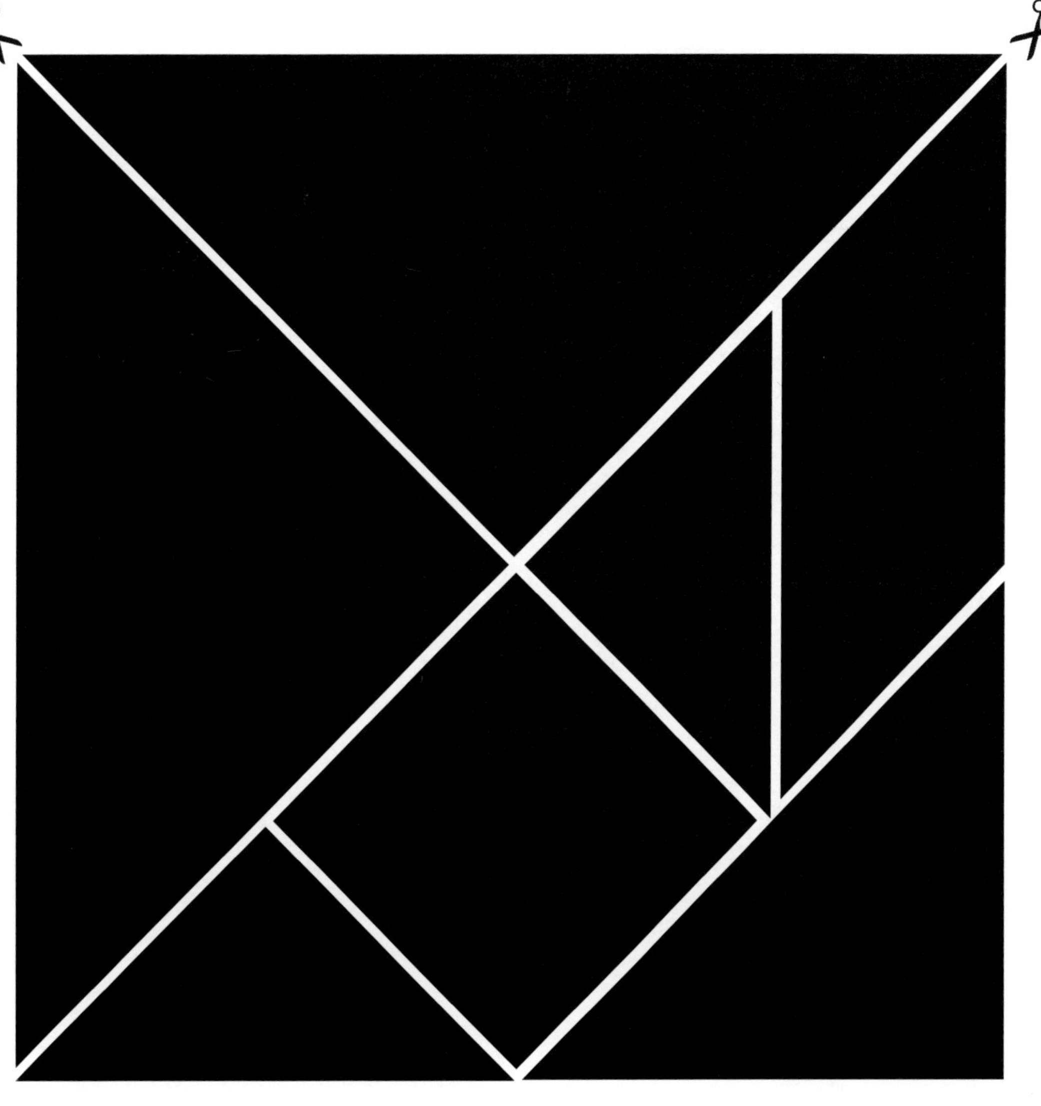

4a Seltsames um Zahlen

Aufgabe 1: *Vor einigen Jahrhunderten hatten die westarabischen Länder diese Ziffern. Präge sie dir ein und schreibe sie in arabischen Ziffern.*

١٤٧٣
1473

0	1	2	3	4	5	6	7	8	9
٠	١	٢	٣	٤	٥	٦	٧	٨	٩

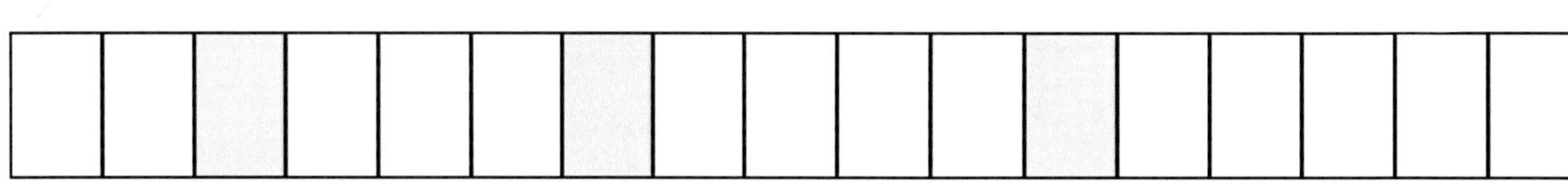

18 **476** **5380** **39257**

Aufgabe 2: *Schreibe die nächste Zahl in der Zahlenreihe in arabischen Ziffern.*

a) 2 4 6 8 10 12 14 16

b) 87 83 79 75 71 67 63 59

c) 99 105 83 89 67 73 51

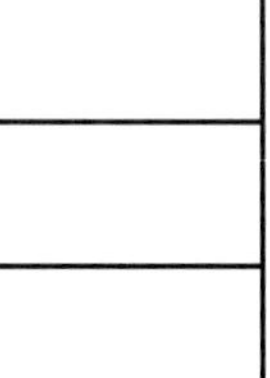

Aufgabe 3: *So schrieb man die Zahlen vor Jahrhunderten in Ägypten. Merke sie dir und übersetze die untenstehenden Zahlen in dein Heft.*

| Eins
∩ Zehn
Hundert
Tausend

Zehntausend
Hundertausend
Million, Unendlich

a) 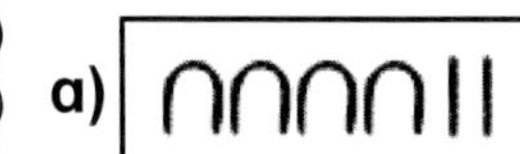

b) 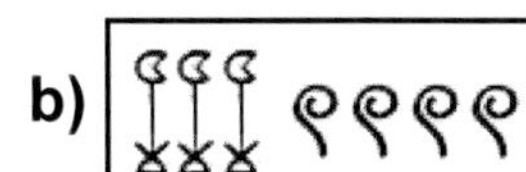

c) 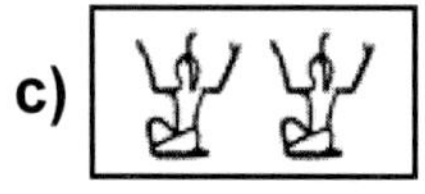

d) 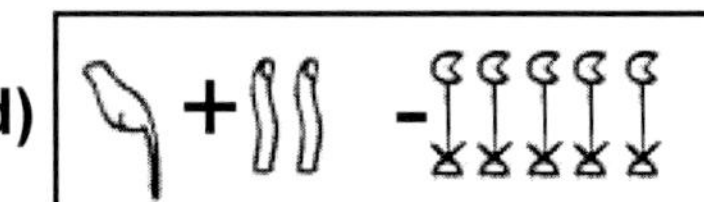

4b Seltsames um Zahlen !

Aufgabe 1: *Hier fliegen die Zahlen. Wie heißt das Ergebnis?*

27 + 23 =

\- 15 =

\- =

\+ + =

: + =

\+ + =

Aufgabe 2: *Sieh dir genau an, wie die Indianer früher Zahlen dargestellt haben. Erkennst du das Verfahren, wie die Knoten auf den vier Fäden angeordnet sind? Zeichne anschließend die Knoten für die Zahlen in die Fäden ein.*

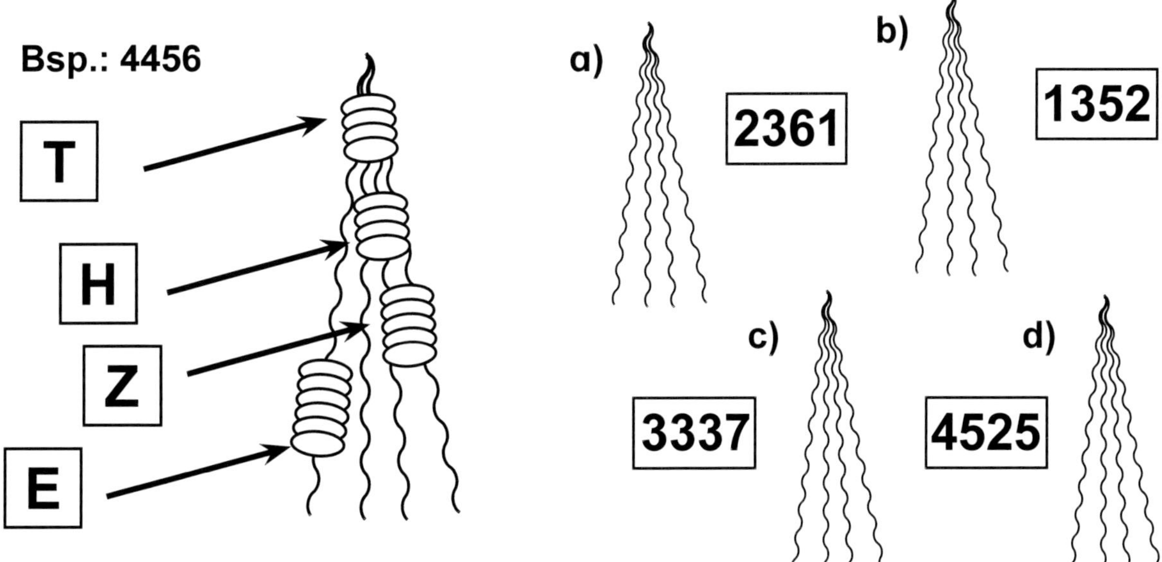

KOHL VERLAG Konzentration GRUNDSCHULE Steigerung Schritt für Schritt – Bestell-Nr. 11 649

4c Seltsames um Zahlen 

Aufgabe 1: *Die schriftliche Multiplikation gab es schon bei den alten Ägyptern. Sie machten sich das Verdoppeln von Zahlen und die Addition zunutze. Rechne das Beispiel sorgfältig nach.*

1. Schritt:

1 • 15
dann werden die Zahlen in beiden Reihen verdoppelt:

14 •	15
1	15
2	30
4	60
8	120

2. Schritt:

Markiere alle Zahlen, die du für die Summe 14 brauchst.

14 •	15
1	15
2	30
4	60
8	120
14	210

3. Schritt:

Addiere die markierten Zahlen in der 2. Reihe: 30+60+120=210.
Also: **14•15=210**

Aufgabe 2: *Rechne die Aufgaben wie die alten Ägypter.*
TIPP: *Manche Zahlen musst du auch zweimal markieren.*

15 • 21

13 • 16

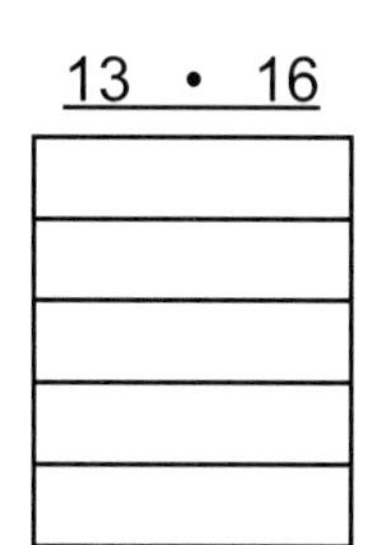

18 • 14

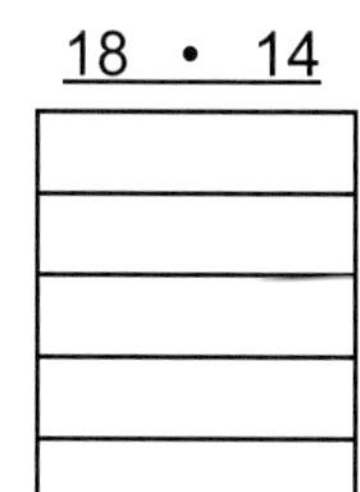

21 • 11

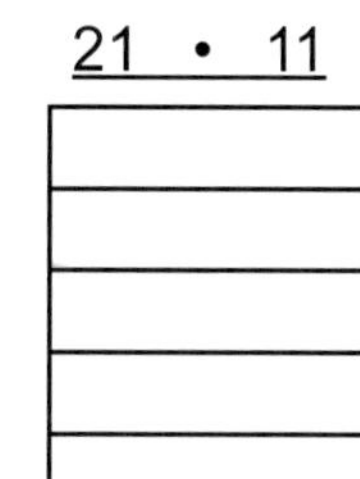

17 • 15

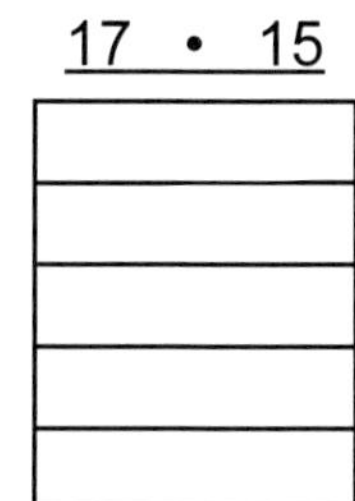

Aufgabe 3: *Rechne die Division an der Beispielaufgabe nach.*

154 : 11

1	11
2	22
4	44
8	88
14	**154**

192 : 16

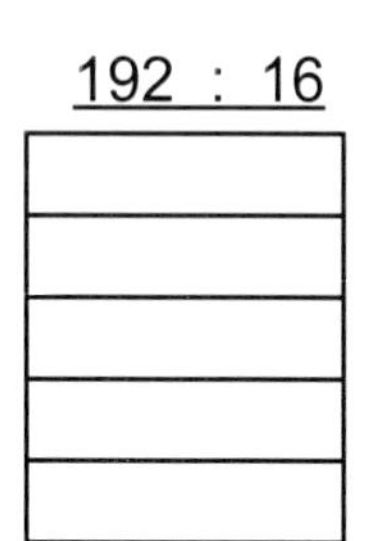

168 : 14

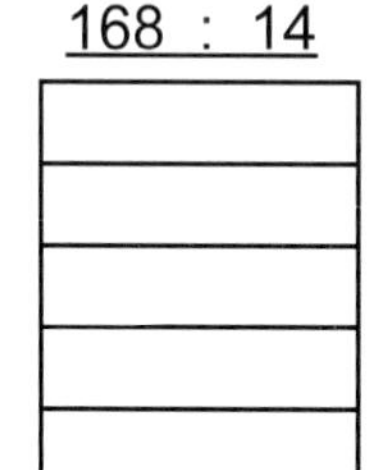

156 : 12

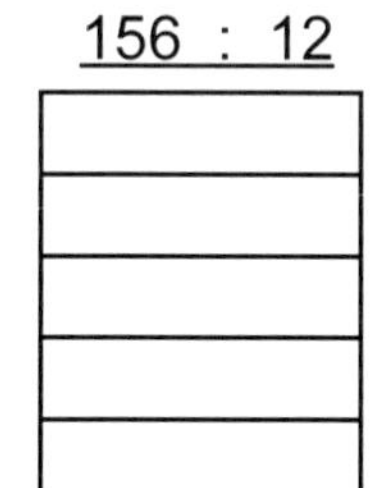

165 : 15

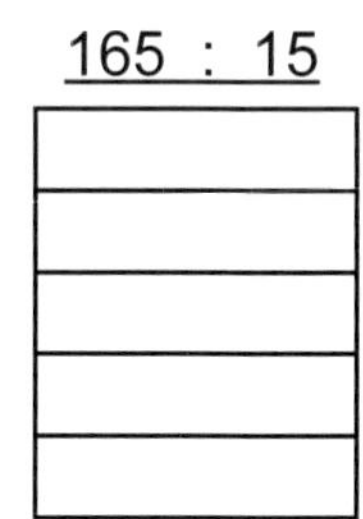

Aufgabe: 8 • 7
Knicke für jede Zahl über 5 einen Finger weg!

Aufgabe 4: *Das kleine Einmalseins ab 5 • 5 kann man leicht mit den Fingern rechnen. Drehe die Hände nach außen. Rechne die Aufgaben.*

rechts 2 über 5 und links 3 über 5

Rechne geknickte Finger 5Z = 50, aufrechte Finger 2 • 3 = 6
50 + 6 = 56

a) 9 • 8
b) 6 • 9
c) 8 • 6
d) 9 • 7
e) 6 • 5

4d Seltsames um Zahlen

<u>Aufgabe 1</u>: *Suche dir Partner und löst die Arukone-Rätsel gemeinsam.*

Anleitung

- Verbindet zwei gleiche Zahlen durch eine Linie.
- Die Linien dürfen nur waagerecht, senkrecht und durch kein Zahlenfeld verlaufen.
- Die Linien dürfen sich nicht überschneiden.
- **<u>TIPP</u>**: Arbeitet mit Bleistift, damit ihr Fehler radieren könnt!

<u>Beispiel:</u>

1		2	4		
		3		5	
		1			
	2				4
			3		5

1		2	4		
		3		5	
		1			
	2				4
			3		5

2			4				2	6	
	1				7			5	
	5								
				3					
			4	7					
						3			
			1						6

Ein Arukone-Rätsel ist ein japanisches Logikrätsel, das erstmals von der japanischen Zeitschrift Nikoli veröffentlicht wurde. Man kennt es auch unter der Bezeichnung Number Link oder Alphabet Connection (Variante mit Buchstaben).

1									
				2	3				
	4						1		
		2							
		6							5
							7		
		6			8		8	4	
3								7	
5									

KOHL VERLAG Konzentration GRUNDSCHULE Steigerung Schritt für Schritt – Bestell-Nr. 11 649

5 a-d Vorlage zu „Geordnete Punkte“

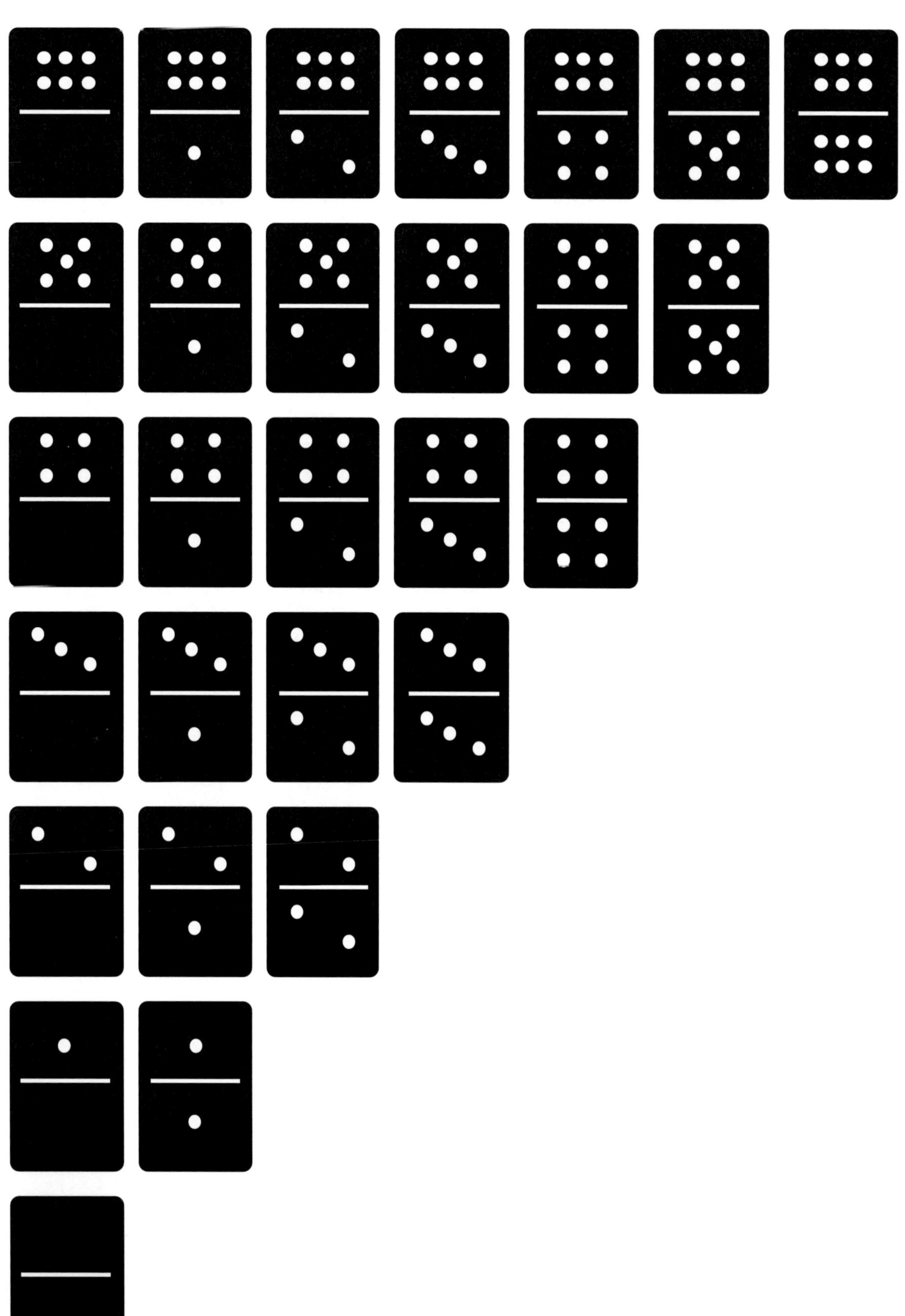

5a Geordnete Punkte

Aufgabe 1: *Schneide die Dominosteine von der Vorlage aus.*

Aufgabe 2: *Lege die Dominosteine waagerecht und senkrecht wie in dem Raster vorgeschrieben aneinander.*

***TIPP**: Lege zuerst die Steine mit doppelter Punktzahl.*

4	3	4	6	5	0	6	6
3	5	3	3	5	0	2	6
3	4	5	1	0	5	6	0
1	1	5	1	2	4	2	4
6	3	0	3	0	2	5	1
5	4	0	6	2	0	1	2

Aufgabe 3: *Lege die Dominosteine zu einem Stern.*

- Lege die Halbteile innen von 0 bis 6.
- Nur gleiche Halbteile dürfen weiter angelegt werden.

Aufgabe 4:

- *Lege 4 Dominosteine so, dass jede Seite das gleiche Ergebnis hat.*
- *Finde ein weiteres Additionsquadrat.*

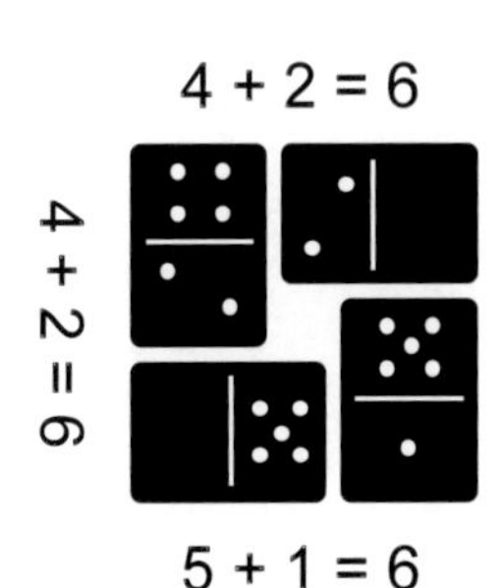

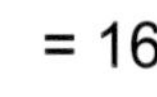

KOHL VERLAG Konzentration GRUNDSCHULE Steigerung Schritt für Schritt – Bestell-Nr. 11 649

5b Geordnete Punkte !

Aufgabe 1: *Schneide die Dominosteine von der Vorlage aus und lege sie zu einem quadratischen Rahmen zusammen, wobei die Hälften der Steine immer die gleiche Augenzahl haben müssen.*

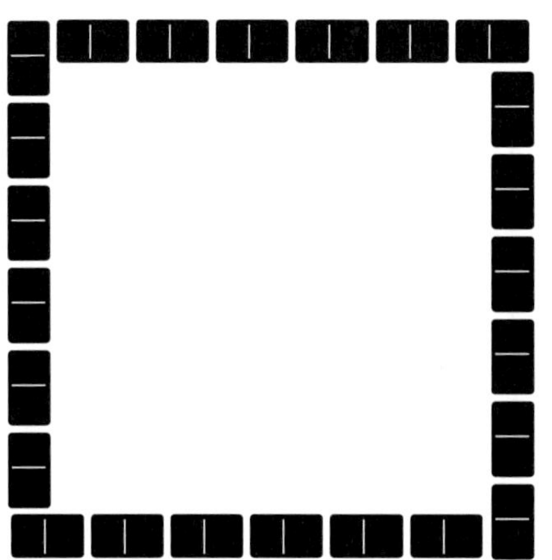

So könntest du anfangen:

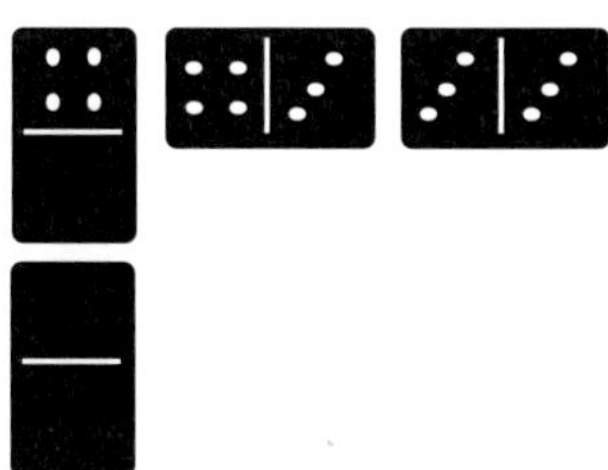

Aufgabe 2: *Lege sieben Dominosteine zu einem Rechteck. Die Punktzahl jeder Seite soll 14 ergeben. Finde zwei weitere Rechtecke.*

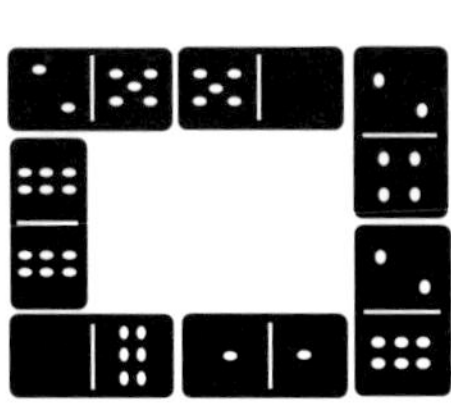

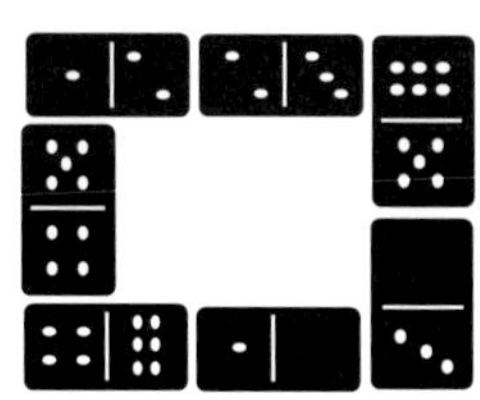

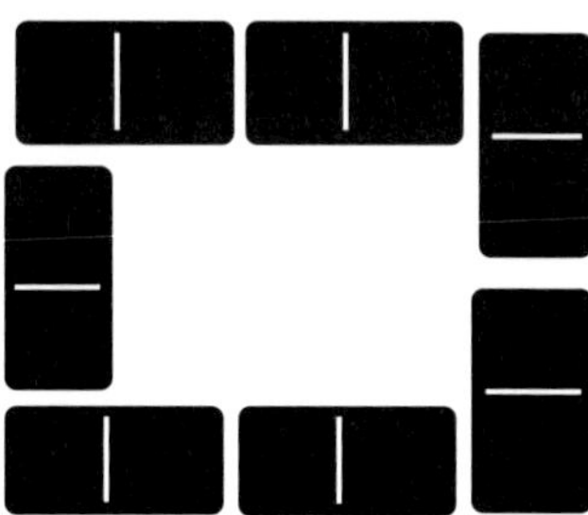

Aufgabe 3: *Lege drei Dominosteine aneinander. Die oberen beiden Ziffern mit den mittleren addiert sollen als Ergebnis auf dem 3. Stein erscheinen. Finde drei weitere Aufgaben.*

Beispiel: 41 + 13 = 54

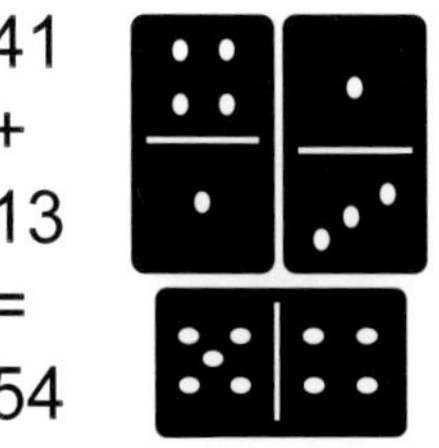

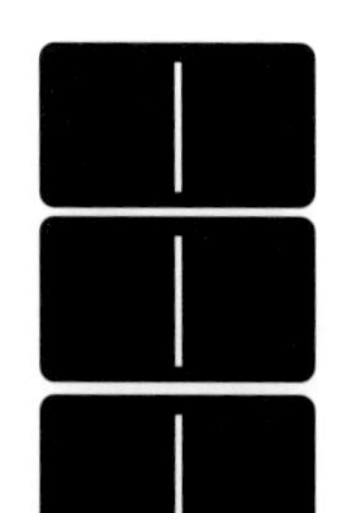

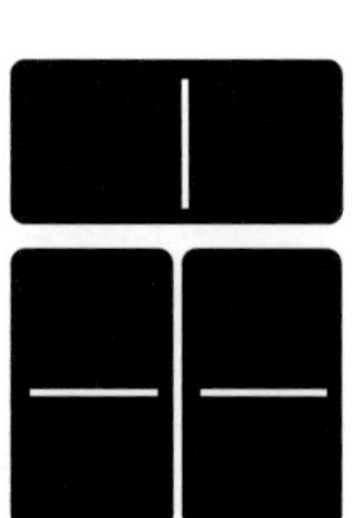

5c Geordnete Punkte ★

Aufgabe 1: *Schneide die Dominosteine von der Vorlage aus und lege drei von ihnen in folgender Anordnung:*

Anleitung

Die Zahl des oberen querliegenden Steins multiplizierst du mit dem Halbteil des längsliegenden Steins. Das Ergebnis besteht aus den letzten drei Halbsteinen.

Beispiel: 24 • 5 = 120

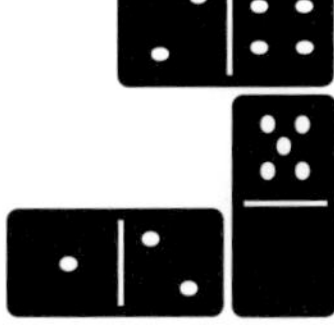

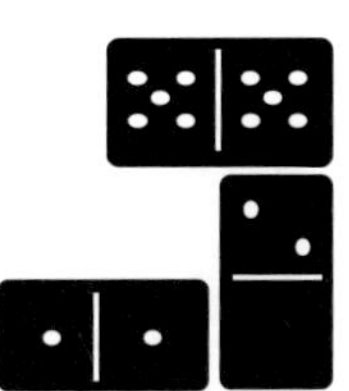

55 • 2 = 110 *34 • 3 = 102*

Lege nun 5 weitere Aufgaben.

Aufgabe 2: *Lege die Muster mit den Dominosteinen nach. Nur Hälften mit gleicher Augenzahl dürfen angelegt werden. Die unten abgebildeten Ausschnitte helfen dir.*

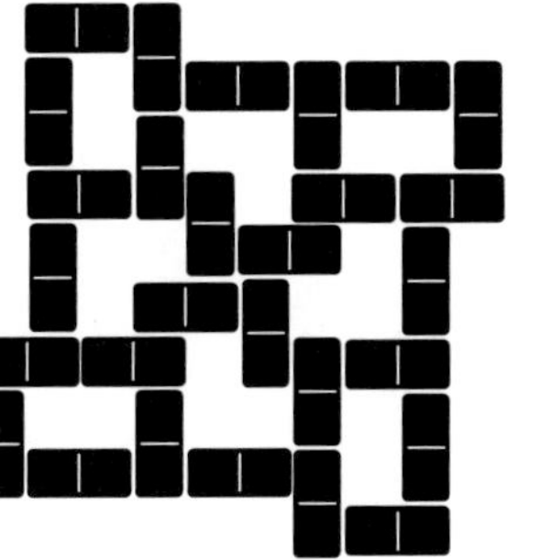

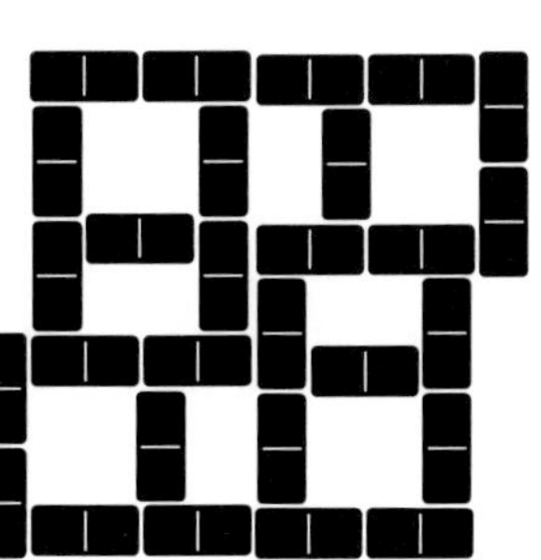

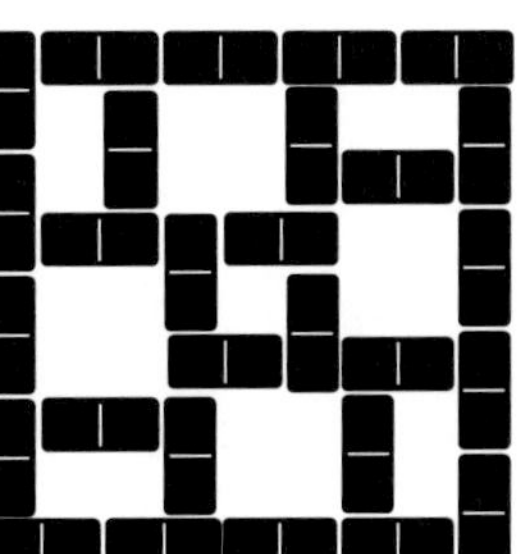

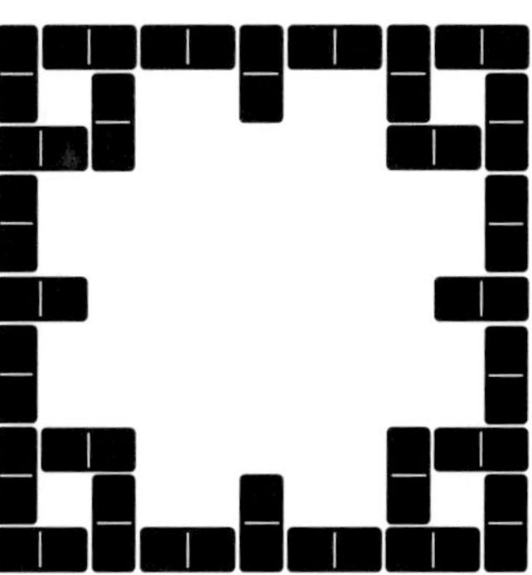

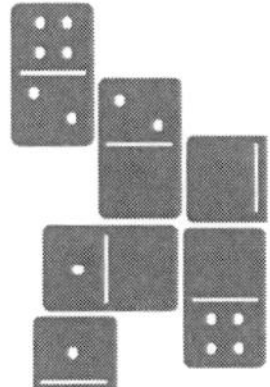

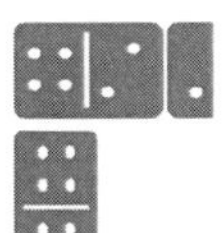

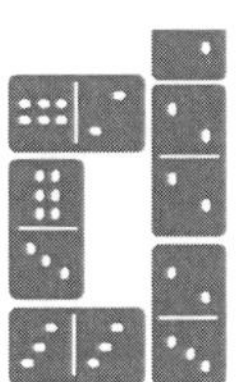

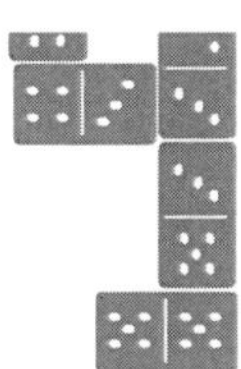

KOHL VERLAG Konzentration GRUNDSCHULE Steigerung Schritt für Schritt – Bestell-Nr. 11 649

5d Geordnete Punkte ⦿ ! ★

Aufgabe 1: *Suche dir zwei Mitspieler und benutzt ein ausgeschnittenes Dominospiel. Spielt das Dominospiel nach den Regeln.*

Anleitung

1. Legt alle Steine mit den Punkten nach unten auf den Tisch.
2. Mischt die Steine gründlich.
3. Jeder Spieler nimmt sechs Steine weg.
4. Legt eure Steine so vor euch hin, dass kein anderer die Seite mit den Punkten sehen kann.
5. Der Rest der Steine mit den Punkten nach unten wird als Vorrat an die Seite gelegt

6. Der 1. Spieler legt einen Stein seiner Wahl in die Mitte des Tisches.
7. Der Spieler neben ihm legt einen seiner Steine an, ABER die Punktzahl der angrenzenden Felder müssen die Zahl 7 ergeben.
8. Wenn ein Spieler nicht anlegen kann, zieht er einen Stein aus dem Vorrat. Kann er damit auch nicht anlegen, ist der nächste Spieler dran.
9. Ende des Spiels: Der Vorrat ist aufgebraucht und keiner der Spieler kann mehr anlegen.

Achtung, jetzt geht es um den Einsatz der vier <u>Joker</u>!

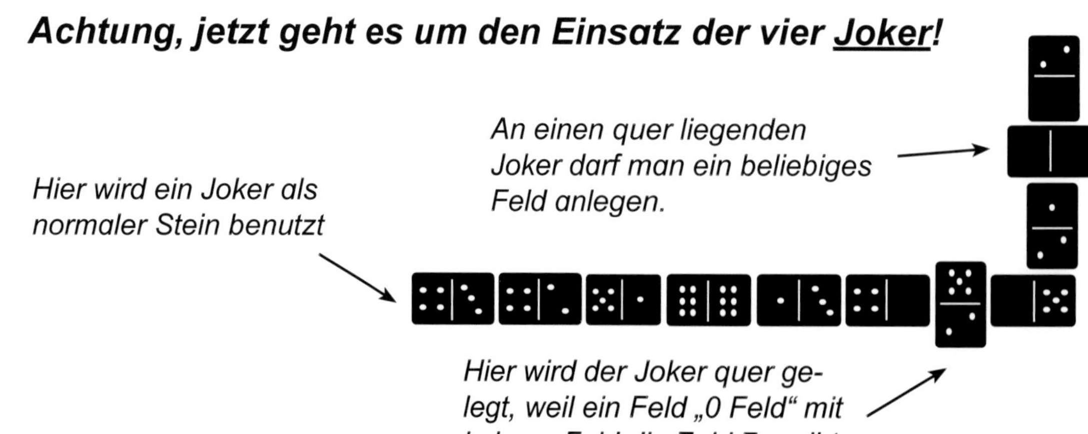

6a Tüte voller Rätsel

Aufgabe 1: *Wie lautet die Antwort auf die Scherzfragen? Schreibe in dein Heft.*

a) Welcher Mann hat keine Ohren?
b) Wie viele Bohnen passen in ein leeres Glas?
c) Wer hat einen Kopf, aber keine Füße?
d) Welches Kätzchen ist kein Tier?
e) Welcher Stuhl hat keine Beine?
f) Was steht zwischen Teller und Tasse?
g) Welche Bahn fährt nicht auf Gleisen?
h) Welcher Ring ist nicht rund?

Aufgabe 2: *Finde den Weg durch das Labyrinth.*

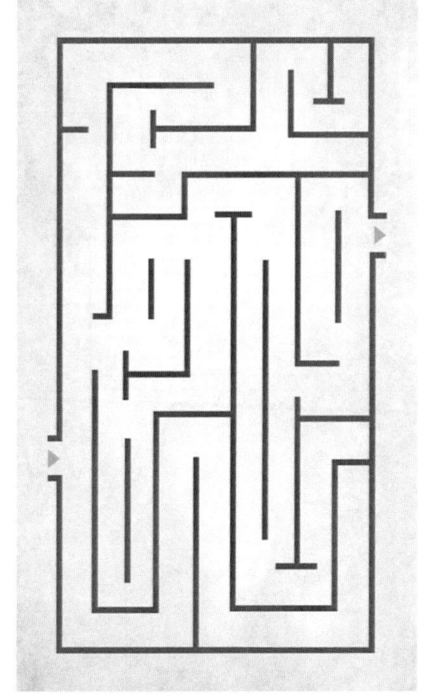

Aufgabe 3: *Nimm Streichhölzer und lege die Figuren nach.*

a) Nimm 4 Streichhölzer weg, sodass 2 gleichgroße Quadrate übrig bleiben.

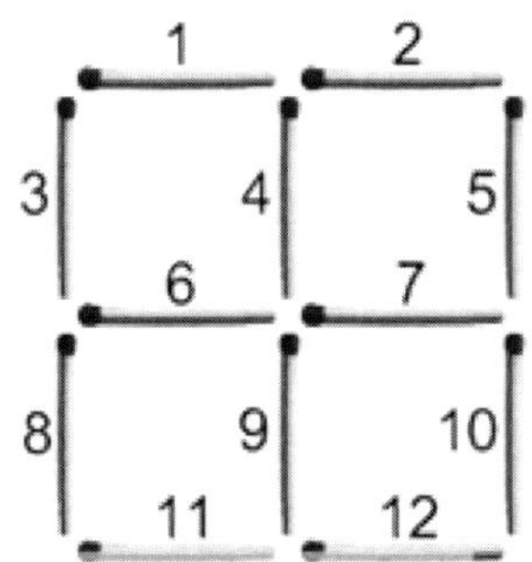

b) Wie viele Dreiecke sind in dem Stern enthalten?

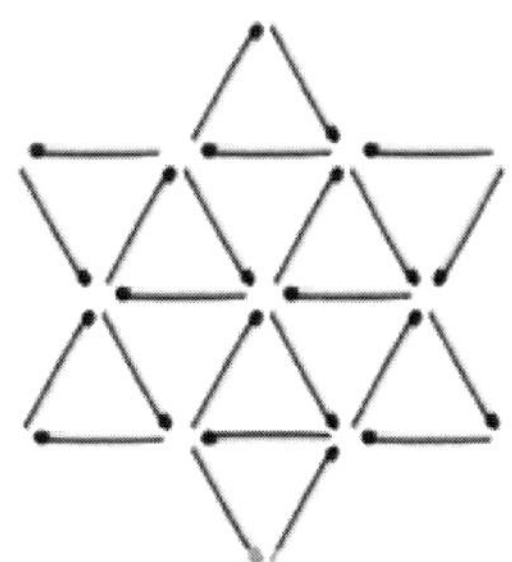

Konzentration GRUNDSCHULE
Steigerung Schritt für Schritt – Bestell-Nr. 11 649

6b Tüte voller Rätsel !

Aufgabe 1: *Wie lautet die Antwort auf die Scherzfragen? Schreibe in dein Heft.*

a) Welcher Richter arbeitet bei keinem Gericht?
b) Auf welchem Pferd kann man nicht reiten?
c) Welcher Löwe kann gut schwimmen?
d) Welches Tier fährt über Straßen?
e) Wer kommt als Erster ins Haus?
f) Welche Rosen welken nicht?
g) Wie heißt das Reh mit Vornamen?
h) Welches ist das stärkste Tier?

Aufgabe 2: *Finde den Weg durch das Labyrinth.*

a)

b)

Aufgabe 3: *Nimm Streichhölzer und lege die Aufgaben nach.*

a) Nimm 5 Streichhölzer weg, sodass 3 gleichgroße Quadrate übrig bleiben.

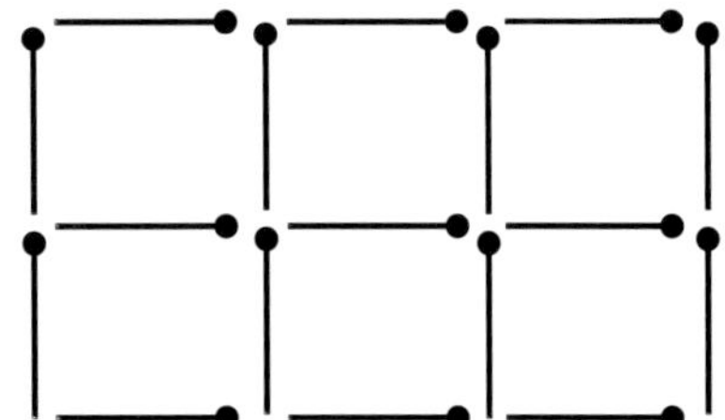

b) Lege 4 Hölzer um, sodass 10 Quadrate entstehen.

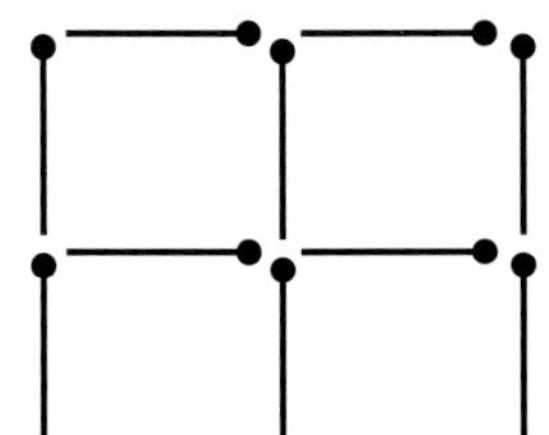

6c Tüte voller Rätsel 

Aufgabe 1: *Wie lautet die Antwort auf die Scherzfragen? Schreibe in dein Heft.*

a) Wer lebt von der Hand in den Mund?
b) Welchen Satz hört ein Hai am liebsten?
c) Wer hat Flügel ohne Federn?
d) Welcher Blitz ist nicht gefährlich?
e) Welcher Biss ist ungefährlich?
f) Welcher Stall hat keine Wände?
g) Welcher Stein raucht?
h) Welcher Zug hat keine Räder?

Aufgabe 2: *Finde den Weg durch das Labyrinth.*

a)

b)

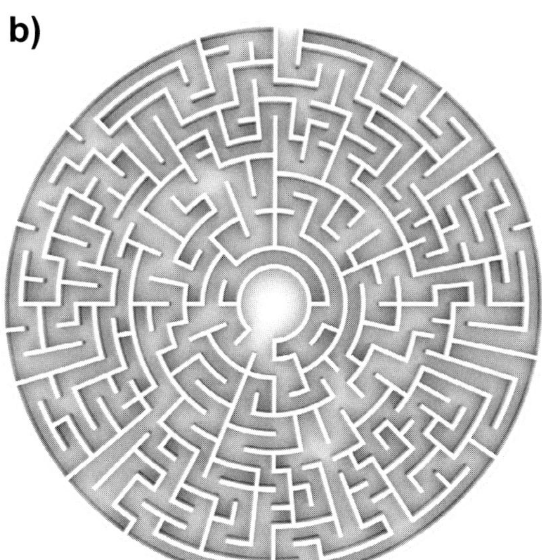

Aufgabe 3: *Nimm Streichhölzer und lege die Aufgaben nach.*

a) Lege die Zahl 30 aus den Streichhölzern.

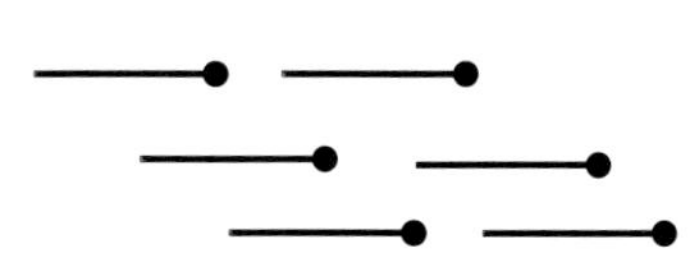

b) Verändere 1 Streichholz so, dass du ein Quadrat erhälst.

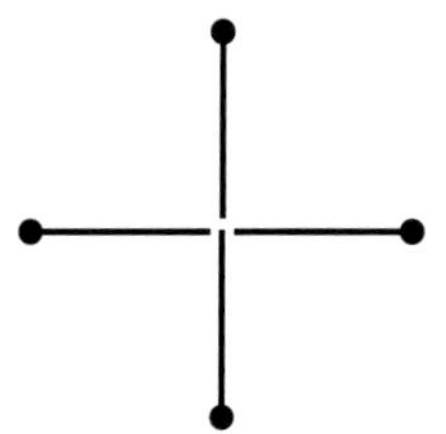

6d **Tüte voller Rätsel** ⊙ ! ★

Aufgabe 1: *Finde für jedes Kind den Weg durch das Labyrinth zurück zu seiner Familie.*

7a Spiegelmusterfamilien

Aufgabe 1: *Fertige einen Spiegel an. Schneide ein Rechteck aus einem Stück Pappe aus und klebe ein Stück glatte Alufolie auf das Stück Pappe.*

Aufgabe 2: *Stelle die Figuren mit einem Spiegel dar.*

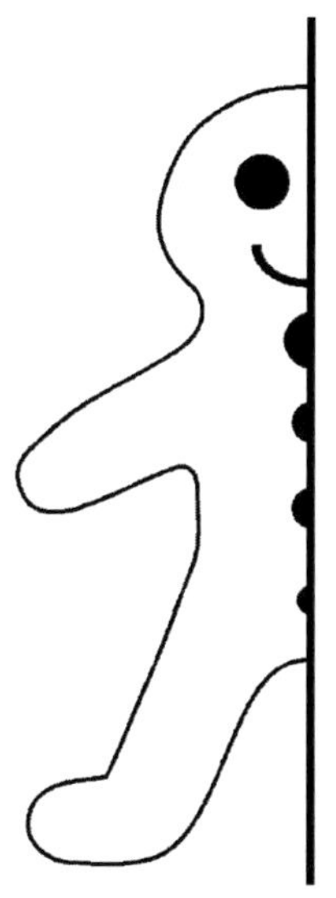

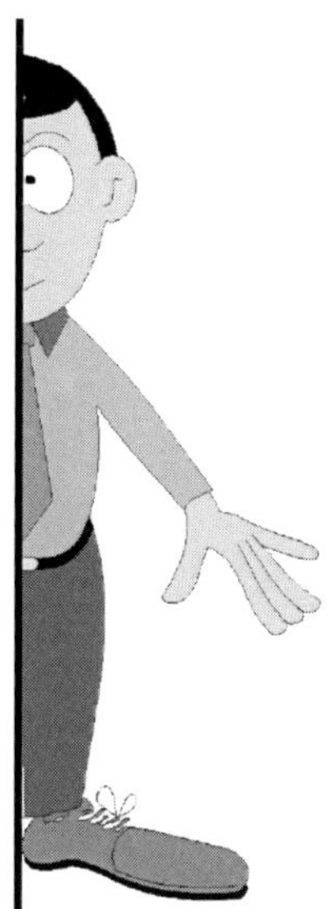

Aufgabe 3: *Welche Figur ist spiegelbar?*

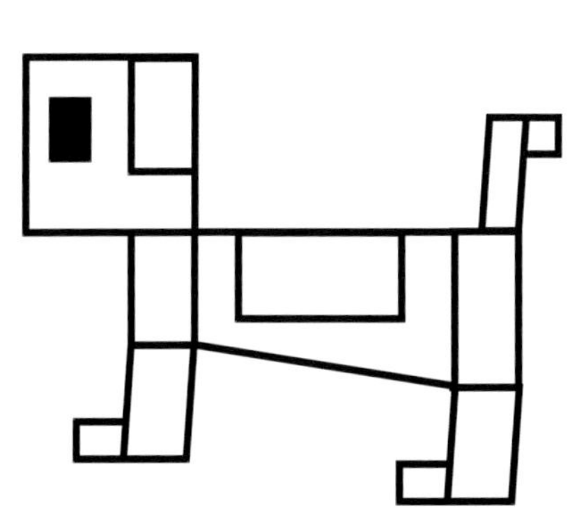

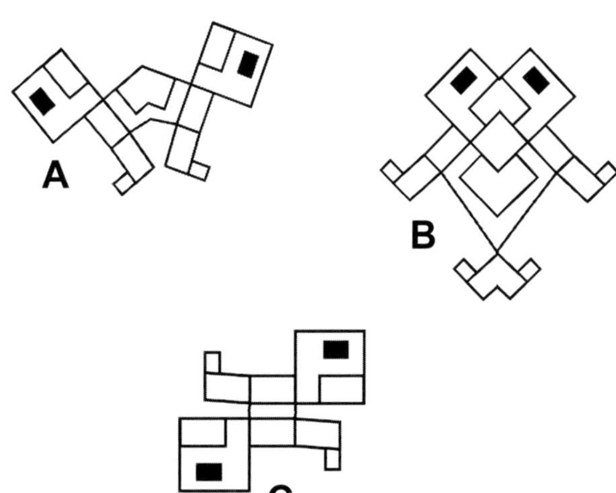

KOHL VERLAG Konzentration GRUNDSCHULE Steigerung Schritt für Schritt – Bestell-Nr. 11 649

7b

Spiegelmusterfamilien

!

Aufgabe 1: *Fertige einen Spiegel an. Schneide ein Rechteck aus einem Stück Pappe aus und klebe ein Stück glatte Alufolie auf das Stück Pappe.*

Aufgabe 2: *Stelle die Figuren mit einem Spiegel dar. Lege dazu den Spiegel an die Hauptkarte. Welche Figur kann man spiegeln und welche nicht? Kreuze an.*

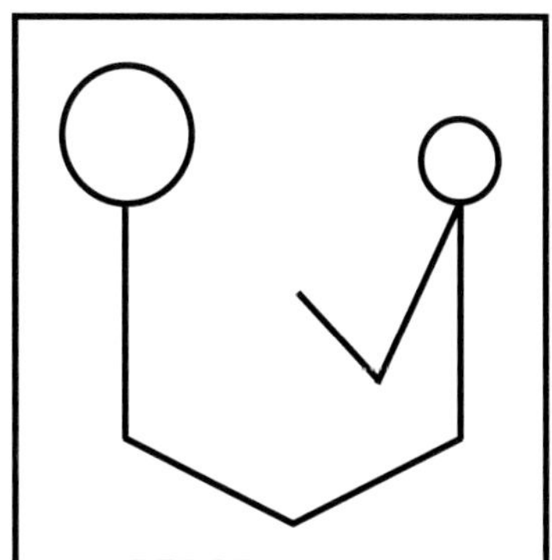

A

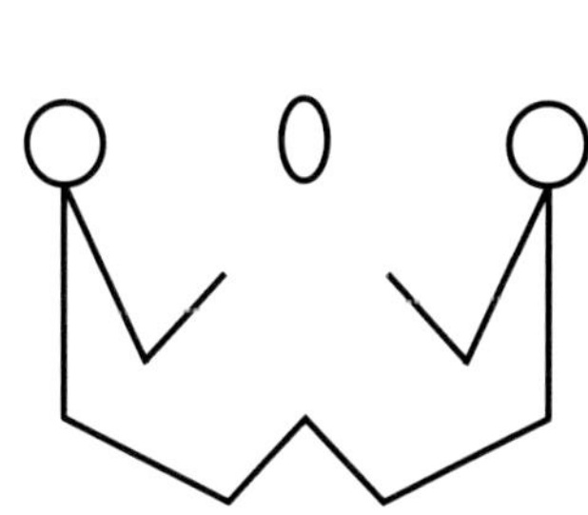

B

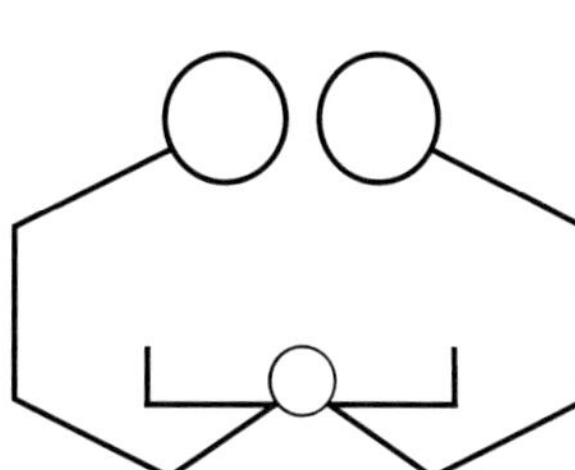

C

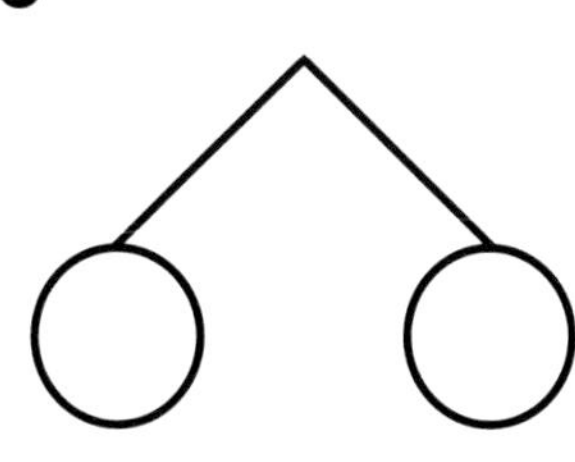

D

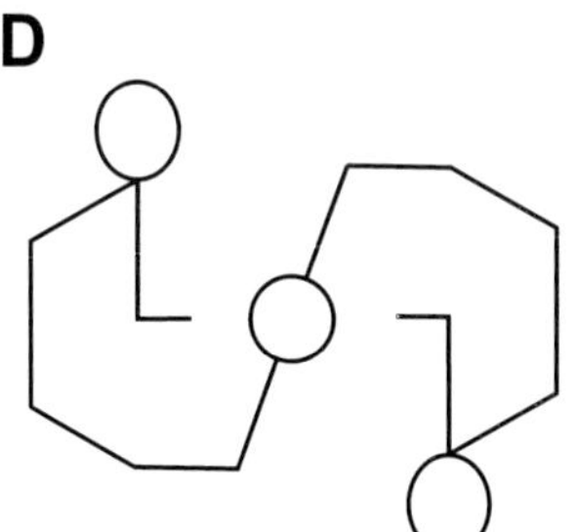

E

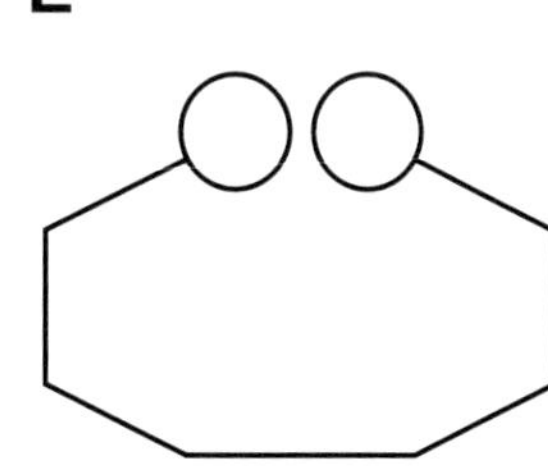

F

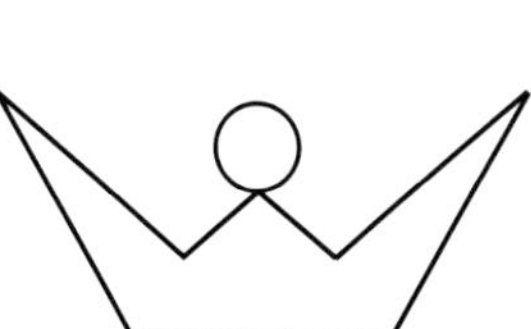

G

7c Spiegelmusterfamilien 

Aufgabe 1: *Fertige einen Spiegel an. Schneide ein Rechteck aus einem Stück Pappe aus und klebe ein Stück glatte Alufolie auf das Stück Pappe.*

Aufgabe 2: *Stelle die Figuren mit einem Spiegel dar. Lege dazu den Spiegel an die Hauptkarte. Welche Figur kann man spiegeln, welche nicht? Trage in die Tabelle ein.*

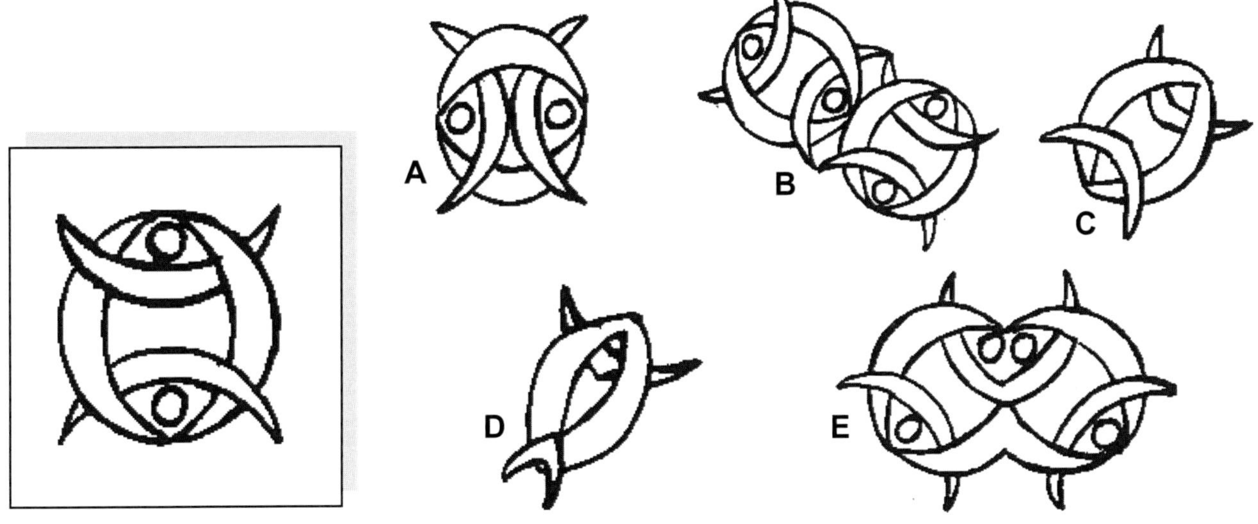

	Bild A	Bild B	Bild C	Bild D	Bild E
spiegelbar					
nicht spiegelbar					

Aufgabe 3: *Zeichne selbst eine spiegelbare Figur aus der Hauptkarte in den Rahmen.*

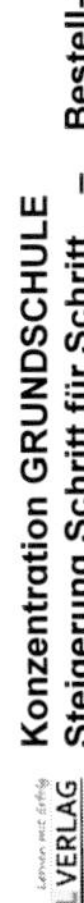

7d Spiegelmusterfamilien

Aufgabe 1: *Spiegle die Blume von einem zum anderen Kasten bis du sie wieder im Original hast.*

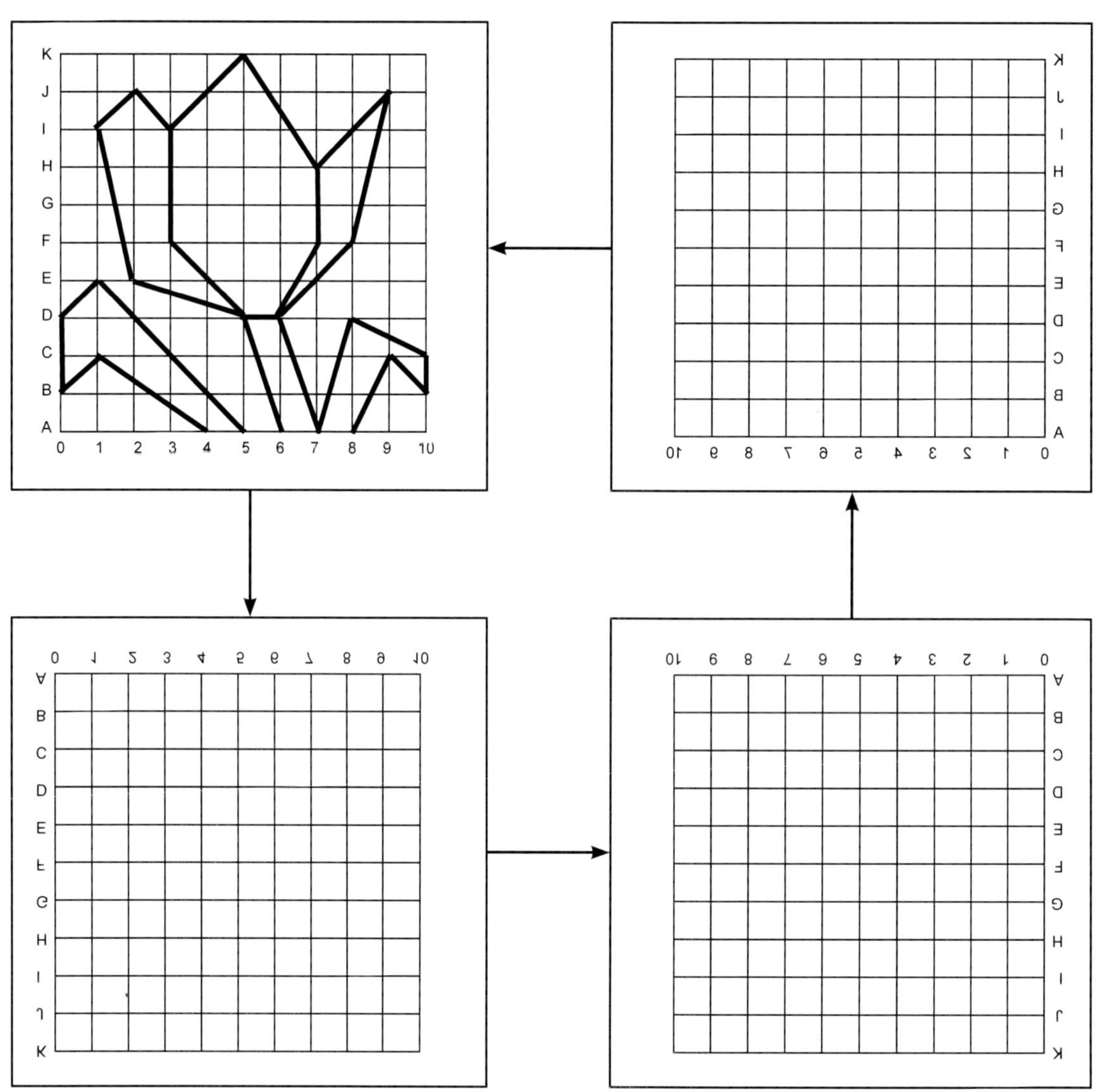

8a Geheimzahlen

Aufgabe 1: *Bist du ein Detektiv? Finde die Geheimzahlen.*

a)

Die Geheimzahl ist einstellig.	⇨	**Sie ist eine ungerade Zahl.**	⇨	**Sie ist eine Zahl aus einem Märchen.**	⇨
Schneewittchen kannte die Zahl.	⇨	**Die Geheimzahl ist ________**			

b)

Die Geheimzahl ist unter 100.	⇨	**Sie ist eine ungerade Zahl.**	⇨	**Sie ist mehr als 60.**	⇨
Sie hat eine 7 an der Zehnerstelle.	⇨	**Addiere 2 und 1 für die Einerstelle.**	⇨	**Die Geheimzahl ist ________**	

c)

Die Geheimzahl ist unter 100.	⇨	**Sie ist eine gerade Zahl.**	⇨	**Sie ist mehr als 50.**	⇨
Addiere 3 und 2 für die Zehnerstelle.	⇨	**Die Einerstelle hat eine Ziffer mehr.**	⇨	**Die Geheimzahl ist ________**	

d)

Die Geheimzahl ist unter 100.	⇨	**Sie ist eine ungerade Zahl.**	⇨	**Sie ist mehr als 80.**	⇨
Subtrahiere 1 von 10 für die Zehnerstelle.	⇨	**Addiere 1 zur 8 für die Einerstelle.**	⇨	**Die Geheimzahl ist ________**	

KOHL VERLAG Konzentration GRUNDSCHULE Steigerung Schritt für Schritt – Bestell-Nr. 11 649

8b Geheimzahlen !

Aufgabe 1: *Bist du ein Detektiv? Finde die Geheimzahlen.*

a)

Die Geheimzahl ist dreistellig. ⇨	Subtrahiere 19 von 21 für die Hunderterstelle. ⇨	Das Ergebnis ist die Hunderterstelle. ⇨
Wie viele Seiten hat ein Dreieck? ⇨	Die Anzahl der Seiten ist die Einerstelle. ⇨	Wie viele Seiten hat ein Rechteck? ⇨
Addiere zu dieser Zahl die 2. ⇨	Das Ergebnis ist die Zehnerstelle. ⇨	Die Geheimzahl ist ____________

b)

Die Geheimzahl liegt unter 1000. ⇨	Sie ist eine ungerade Zahl. ⇨	Wie viele Wünsche hat man bei einer Fee frei? ⇨
Verdopple die Anzahl der Wünsche für die Zehnerstelle. ⇨	Addiere die 1 für die Ziffer der Einerstelle. ⇨	Welche Zahl schrieben die Römer so: V ? ⇨
Addiere zu dieser Zahl die 1. ⇨	Diese Zahl ergibt die Hunderterzahl. ⇨	Die Geheimzahl ist ____________

c)

Die Geheimzahl ist vierstellig. ⇨	Sie ist eine gerade Zahl. ⇨	Wie viele Zwerge hatte Schneewittchen? ⇨
Lasse alle Zwerge verschwinden. ⇨	Die übrig gebliebenen Zwerge sind die Hunderterstelle. ⇨	Wie viele Waisen aus dem Morgenland kamen an die Krippe bei Jesus Geburt? ⇨
Verdreifache die Anzahl der Waisen für die Zehnerstelle. ⇨	Subtrahiere 5 von der Zehnerstelle. ⇨	Das Ergebnis ist die Einerstelle. ⇨
Welche Zahl liegt zwischen 2 und 4? ⇨	Diese Zahl ist die Tausenderstelle. ⇨	Die Geheimzahl ist ____________

8c Geheimzahlen 

Aufgabe 1: *Bist du ein Detektiv? Finde die Geheimzahlen.*

a)

Die Geheimzahl ist fünfstellig. ⇨	Sie ist eine ungerade Zahl. ⇨	Die Hunderterstelle ist das Produkt aus 2x2x2. ⇨
Wie viele Seiten hat ein Trapez? ⇨	Halbiere die Anzahl der Seiten. ⇨	Das ist die Tausenderstelle. ⇨
Die Zahl für die Zehnerstelle ist >1 aber < 4. ⇨	Sie ist die Hälfte von 6. ⇨	Die Zahlen der Einer- und Zehntausenderstellen sind gleich. ⇨
Halbiere dazu die Tausenderstelle. ⇨	Die Geheimzahl ist ____________	

b)

Die Geheimzahl ist siebenstellig. ⇨	Sie ist eine ungerade Zahl. ⇨	Aus wie vielen Kindern bestehen Zwillinge? ⇨
Die Anzahl ist die Zehntausenderstelle. ⇨	Wie viele Kegeln gibt es in einem Kegelspiel? ⇨	Subtrahiere 2 Kegel für die Zehnerstelle. ⇨
Wie viele Flächen hat ein Würfel? ⇨	Halbiere die Anzahl für die Hunderttausenderstelle. ⇨	Wie viele Seiten hat ein Quadrat? ⇨
Addiere zu der Anzahl noch die Anzahl der Seiten eines Dreiecks. ⇨	Addiere zum Ergebnis die 2. ⇨	Das ist die Einerstelle. ⇨
Wie viele Wünsche gewährt dir ein Zauberer im Märchen? ⇨	Er gibt dir noch einen Sonderwunsch für die Millionenstelle. ⇨	Addiere zu allen Wünschen die 1 für die Tausenderstelle. ⇨
Wie viel Zacken hat der Stern?  ⇨	Addiere die 1 für die Hunderterstelle. ⇨	Die Geheimzahl ist ____________

KOHL VERLAG Konzentration GRUNDSCHULE Steigerung Schritt für Schritt – Bestell-Nr. 11 649

8d Geheimzahlen

◉ ! ★

Aufgabe 1: *Bist du ein Detektiv? Finde die Geheimzahlen.*

Die Geheimzahl ist achtstellig. ⇨	Sie ist eine ungerade Zahl. ⇨	Eine Fliege hat wie viele Beine? ⇨
Addiere die Anzahl ihrer Flügel dazu. ⇨	Das Ergebnis ist die Hunderterstelle. ⇨	Wie heißt die Hauptstadt von Deutschland? ⇨
Zähle die Buchstaben und subtrahiere 6. ⇨	Das Ergebnis ist die Zehntausenderstelle. ⇨	Wie viele Monate hat ein Jahr? ⇨
Die Hälfte davon wird gestrichen. ⇨	Der Rest bleibt gleich. ⇨	Die Anzahl der übrigen Monate ist die Hunderttausenderstelle. ⇨
Wie viele Musiker gehören zu einem Trio? ⇨	Das Ergebnis ist die Zehnerstelle. ⇨	Fünf Gänse laufen hintereinander her. ⇨
Wie viele Gänse laufen am Ende? ⇨	Addiere die Seiten eines Rechtecks dazu. ⇨	Das Ergebnis ist die Einerstelle. ⇨
Welcher Zwerg ruft: „Gut, dass niemand weiß, dass ich ..... heiß!“ ⇨	Zähle die Buchstaben seines Namens. ⇨	Subtrahiere 6 für die Millionenstelle. ⇨
Wie viele Karten braucht man, um ein Quartett zu haben? ⇨	Das ist die Tausenderstelle. ⇨	Wie viele Ohren oder Füße oder Hände hat ein Mensch? ⇨
Die Anzahl ist die Zehnmillionenstelle. ⇨	Die Geheimzahl ist ________	

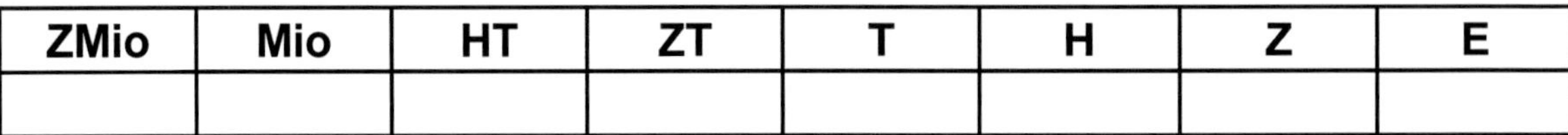

ZMio	Mio	HT	ZT	T	H	Z	E

8d Geheimzahlen

Aufgabe 2:

a) *Suche dir zwei Partner und beschreibt eine Geheimzahl. Die Stellentafel kann euch dabei helfen.*

b) *Tauscht mit einer anderen Gruppe und lass sie die Geheimzahl erraten. Schneide die Stellentafel mit der Geheimzahl vorher weg.*

Die Geheimzahl ist ______stellig.	⇨	**Sie ist eine ____________ Zahl.**	⇨		⇨
	⇨		⇨		⇨
	⇨		⇨		⇨
	⇨		⇨		⇨
	⇨		⇨		⇨
	⇨		⇨		⇨
	⇨		⇨		⇨
	⇨	**Die Geheimzahl ist ____________**			

ZMio	Mio	HT	ZT	T	H	Z	E

Konzentration GRUNDSCHULE
Steigerung Schritt für Schritt – Bestell-Nr. 11 649
KOHL VERLAG

9a Kästchenmalerei

Aufgabe 1: *Welcher Buchstabe liegt auf jedem Punkt? Gehe erst auf der waagerechten, dann auf der senkrechten Zahlenleiste entlang.*

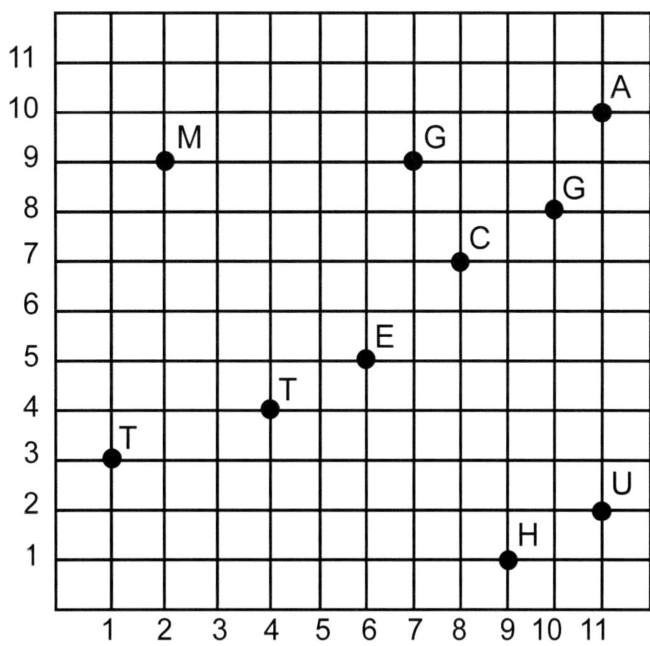

Die Buchstaben ergeben ein Lösungswort!!!

1. (7,9) ______	**4.** (10,8) ______	**8.** (8,7) ______
2. (11,2) ______	**5.** (6,5) ______	**9.** (9,1) ______
3. (1,3) ______	**6.** (2,9) ______	**10.** (4,4) ______
	7. (11,10) ______	

Aufgabe 2: *Zeichne die Punkte ein! Schreibe den Buchstaben an den Punkt.*

B	(5,0)	B	(2,10)
U	(3,5)	L	(9,4)
T	(7,6)	U	(10,10)
T	(4,2)	M	(8,1)
E	(11,2)	E	(6,11)
R	(1,8)		

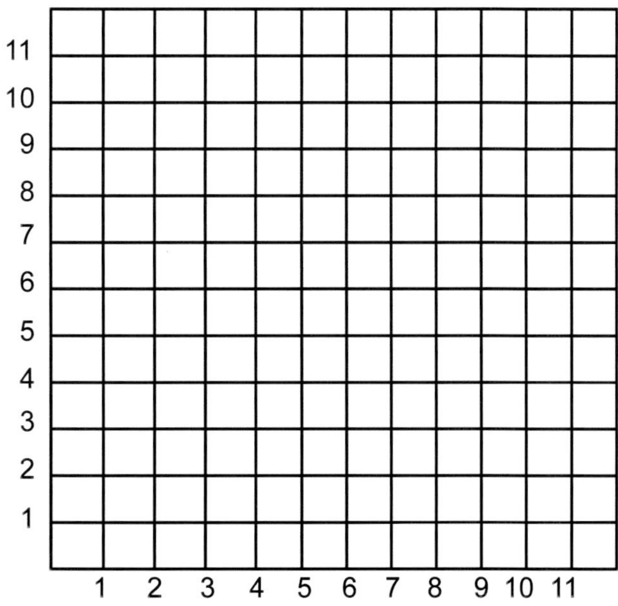

9b Kästchenmalerei !

Aufgabe 1: *Finde die Kreuzpunkte und zeichne sie ein.*

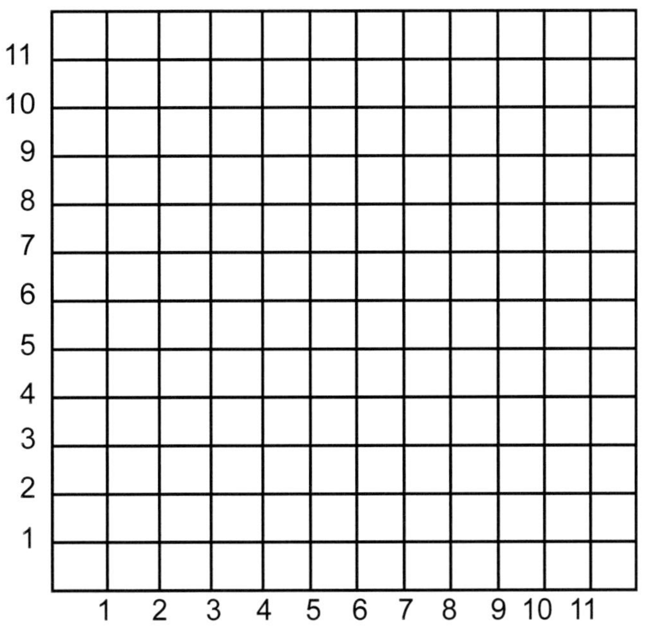

a)	Starte auf (5,2), gehe 3 Felder nach rechts und 1 Feld nach oben:	(____,____)
b)	Starte auf (10,11), gehe 5 Felder nach unten und 2 Felder nach links:	(____,____)
c)	Starte auf (0,0), gehe 4 Felder nach rechts und 7 Felder nach oben:	(____,____)
d)	Starte auf (7,8), gehe 1 Feld nach links und 3 Felder nach oben:	(____,____)
e)	Starte auf (3,2), gehe 6 Felder nach rechts, 3 Felder nach oben, 1 Feld nach links, 3 Felder nach oben:	(____,____)

Aufgabe 2: *Bestimme die Kreuzpunkte.*

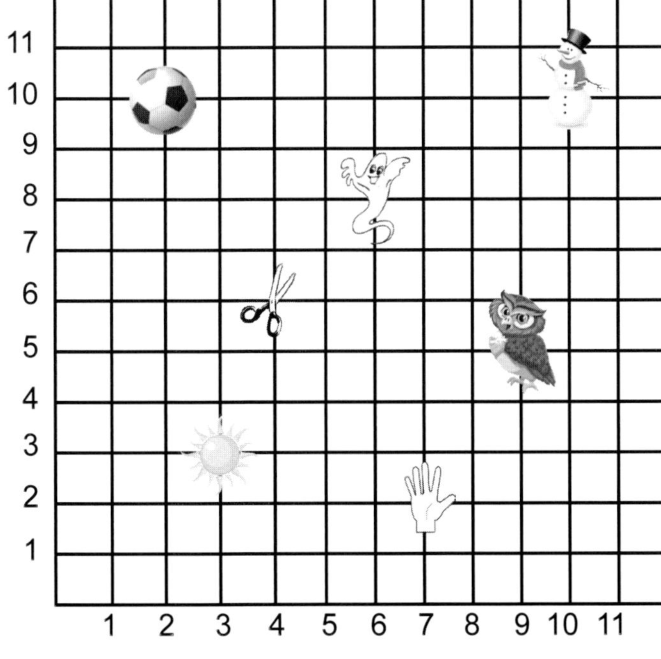

Geist	(____,____)
Sonne	(____,____)
Schneemann	(____,____)
Fußball	(____,____)
Eule	(____,____)
Hand	(____,____)
Schere	(____,____)

KOHL VERLAG Konzentration GRUNDSCHULE Steigerung Schritt für Schritt – Bestell-Nr. 11 649

9c Kästchenmalerei ★

Aufgabe 1: *Zeichne die Größe in jedem Lebensalter als Kreuze in die Tabelle ein. Verbinde die Punkte durch Linien.*

130 cm					
110 cm					
90 cm					
70 cm					
50 cm					
	Geburt	2 Jahre	4 Jahre	6 Jahre	8 Jahre

Geburt	2 Jahre	4 Jahre	6 Jahre	8 Jahre
50 cm	95 cm	105 cm	120 cm	130 cm

Aufgabe 2: *Benutze deine Tabellen zur Beantwortung der Fragen.*

a) Wie viele Zentimeter ist Emma vom 2. bis zum 8. Lebensjahr gewachsen?
b) Wie groß könnte Emma mit 10 Jahren sein?
c) In welcher Zeit ist Emma am meisten gewachsen?
d) Wie groß müsste Emma mit 6 Jahren und 8 Jahren sein, damit die Linie vom 2. zum 4. Lebensjahr in der Tabelle gerade verläuft?

Aufgabe 3: *Lies die Aufgabe und beantworte die Fragen.*

Die Klassen 4 a / b schreiben denselben Mathetest. Zusammen sind es 46 Kinder.

40 P	38 P	36 P	34 P	32 P	30 P	28 P	26 P	24 P	22 P
6 Kinder	4 Kinder	3 Kinder	5 Kinder	4 Kinder	3 Kinder	6 Kinder	7 Kinder	4 Kinder	4 Kinder

a) Wie viele Kinder haben die meisten Punkte?
b) Wie viele Kinder haben die wenigsten Punkte?
c) Wo sind die meisten Kinder mit gleicher Punktzahl?
d) Welche Punktzahlen haben jeweils vier Kinder erreicht?

9d Kästchenmalerei ⦿ ! ★

<u>Aufgabe 1</u>: *Tragt die Punkte in die Kreuztabelle (S. 44) ein. Verbindet sie durch Striche. Achtung! Ist ein Block zu Ende, geht man <u>nicht</u> mit einem Strich zum ersten Punkt zurück.*

(0,1)
(2,3)
(4,3)
(3,2)
(4,1)
STOP

(21,17)
(21,18)
(20,19)
(19,19)
(18,18)
(18,17)
(19,16)
(20,16)
(21,17)
STOP

(14,11)
(14,18)
(21,6)
(17,6)
STOP

(4,17)
(5,16)
(6,17)

(6,5)
(6,7)
(5,7)
(5,5)
STOP

(20,1)
(22,3)
(24,3)
(23,2)
(24,1)
(25,2)
STOP

(5,3)
(3,5)
(23,5)
(20,3)
STOP

(21,14)
(22,13)
(23,14)

(14,5)
(14,6)
STOP

(12,1)
(11,2)
(12,3)
(10,3)
(8,1)
(7,2)
(8,3)
(6,3)
(4,1)

(12,1)
(14,3)
(16,3)
(15,2)
(16,1)
STOP

(9,5)
(9,19)
(17,6)
(9,6)

(25,13)
(24,12)
(23,13)

(20,1)
(19,2)
(20,3)
(18,3)
(16,1)

(4,5)
(4,8)
(7,8)
(7,5)

KOHL VERLAG Konzentration GRUNDSCHULE Steigerung Schritt für Schritt – Bestell-Nr. 11 649

9d Kästchenmalerei

⦿ ! ★

Aufgabe 1:

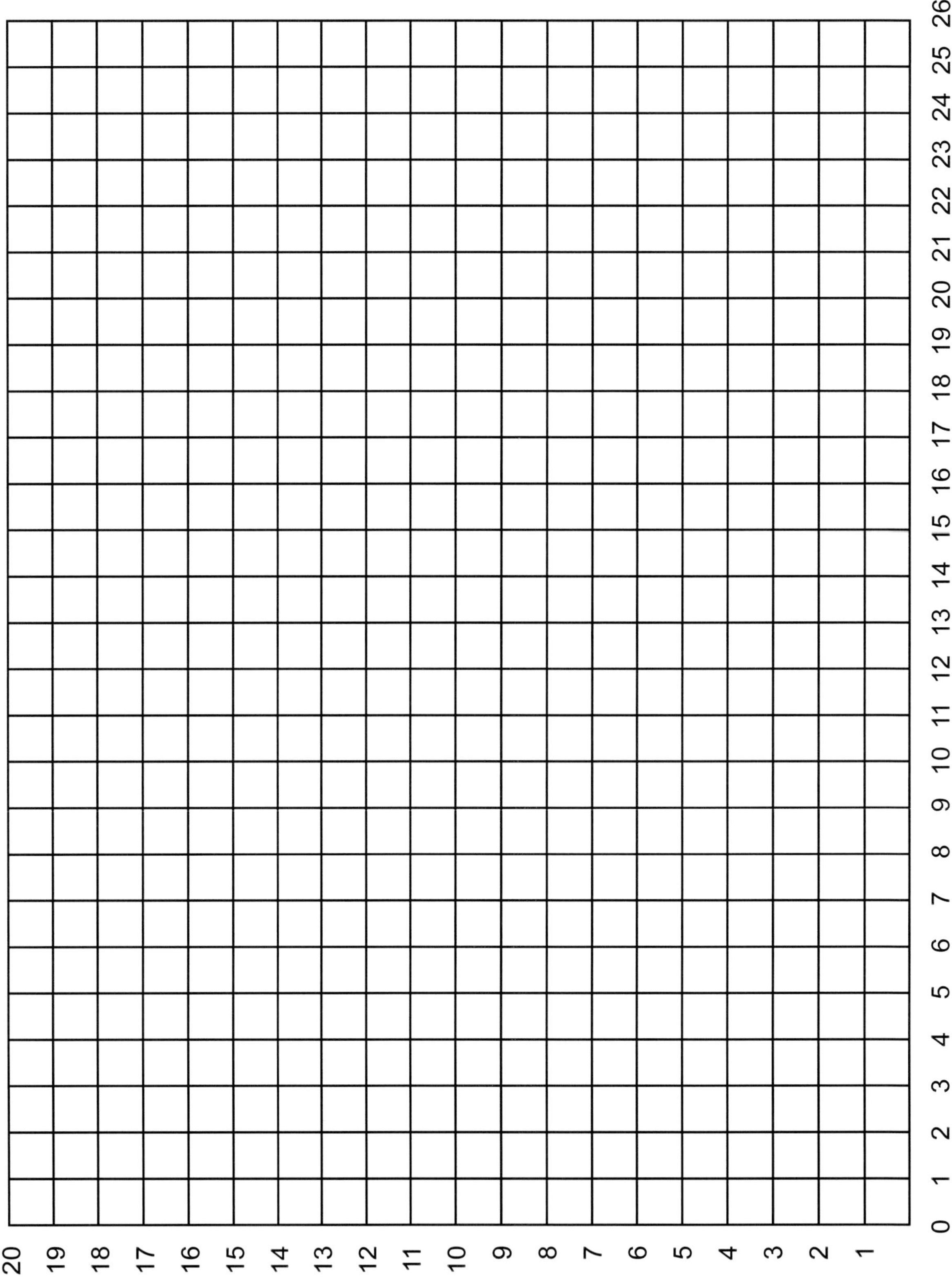

10a Schau genau hin!

Aufgabe 1: *Finde die 6 Unterschiede in den Bildern. Kreise ein.*

Aufgabe 2: *Welches Bild ist nicht wie die anderen? Kreise ein.*

A

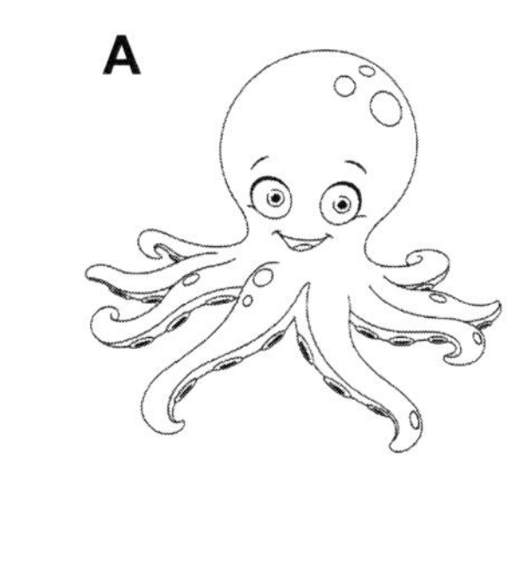

C

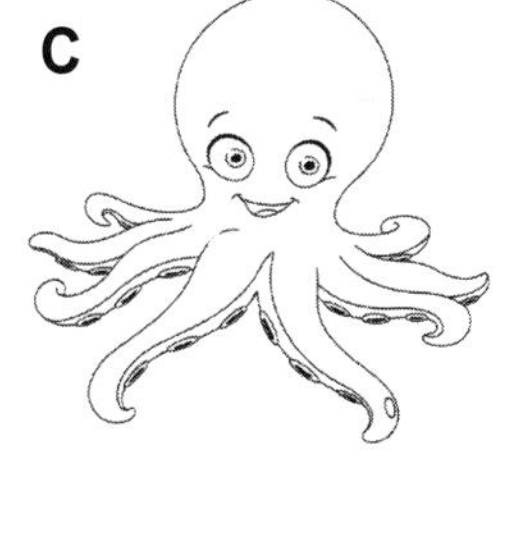

B

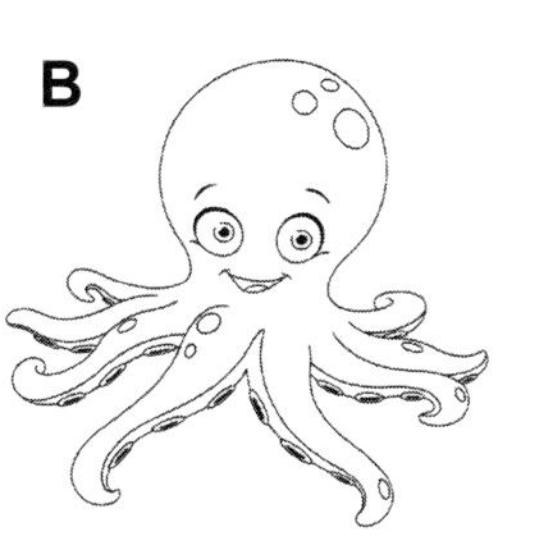

Aufgabe 3: *Welche Wörter zeigen die Bilder? Schreibe in dein Heft.*

KOHL VERLAG Konzentration GRUNDSCHULE Steigerung Schritt für Schritt – Bestell-Nr. 11 649

10b Schau genau hin! !

<u>Aufgabe 1</u>: *Finde die 9 Unterschiede in den Bildern.*

<u>Aufgabe 2</u>: *Welches Schattenbild gehört zu welchem Mädchen?*

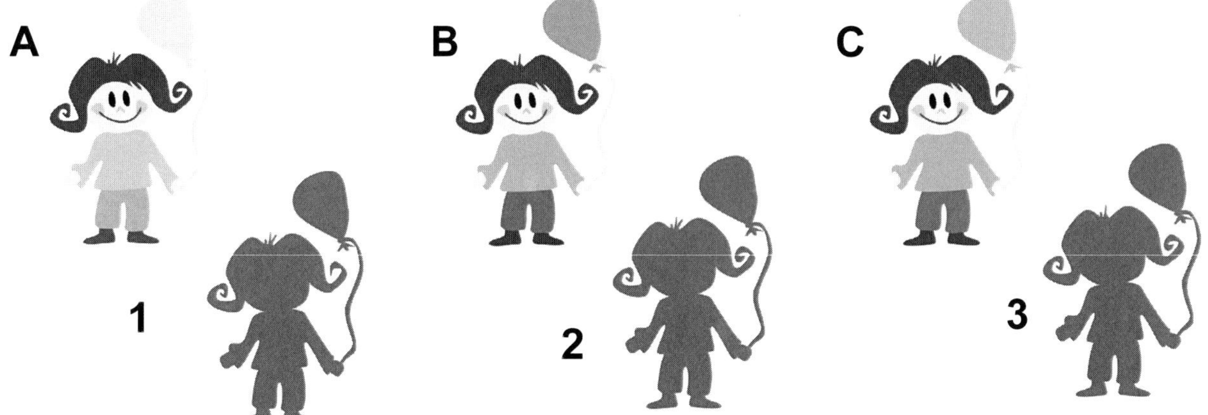

<u>Aufgabe 3</u>: *Setze die Reihe fort bis du jeweils 8 Symbole hast.*

a) 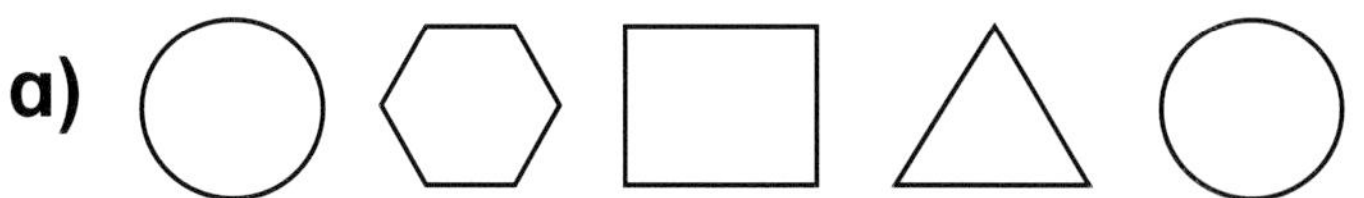

b)   

c)  

10c Schau genau hin!

Aufgabe 1: *Finde die 5 Unterschiede im rechten Bild. Kreise ein.*

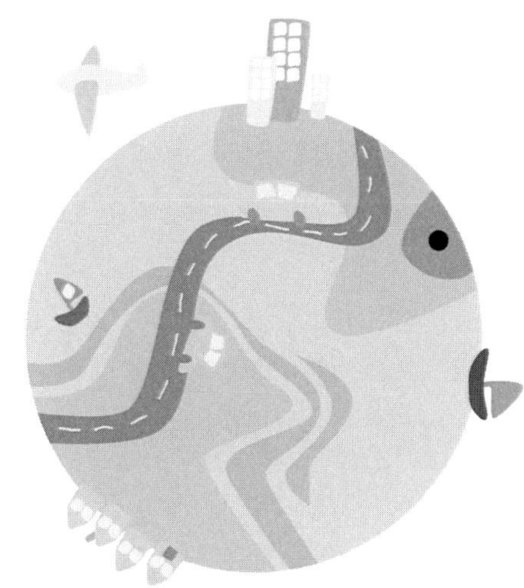

Aufgabe 2: *Finde die 10 Wörter, die mit dem Wetter zu tun haben.*

R	U	D	S	F	N	M	K	L	Ö	B	H	X	D
F	E	W	C	N	M	J	L	O	P	A	S	Y	X
I	G	D	H	Z	U	T	R	A	S	B	C	L	P
E	S	O	N	N	E	N	S	C	H	E	I	N	C
X	Y	S	E	A	Q	L	K	U	C	V	N	M	L
O	D	G	E	W	I	T	T	E	R	S	W	X	G
H	O	C	H	R	S	A	X	N	K	T	F	S	A
X	V	K	L	U	R	Z	T	T	H	N	S	M	D
V	T	D	S	A	X	S	Y	K	O	M	I	C	H
V	S	D	S	F	O	H	U	T	B	N	E	O	Ü
S	T	U	R	R	C	H	U	Z	X	W	T	M	R
Y	U	T	F	D	B	N	K	U	N	F	T	T	E
S	R	A	L	H	T	D	E	W	E	L	A	E	G
T	M	D	A	S	K	L	O	U	B	V	L	D	E
F	N	L	Ä	A	H	C	U	T	E	C	G	R	N
F	U	O	P	G	H	A	G	E	L	S	A	E	T
P	Z	Y	X	C	V	B	N	K	U	R	T	S	A
F	P	U	W	I	N	D	Q	X	C	V	B	Y	H

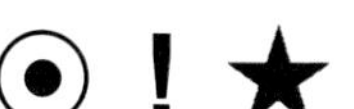

10d Schau genau hin!

⦿ ! ★

Aufgabe 1: *Finde die 8 Unterschiede im unteren Bild. Kreise ein.*

10d Schau genau hin! ⊙ ! ★

Aufgabe 2:

Finde die 8 Unterschiede im unteren Bild. Kreise ein.

10d Schau genau hin! ⦿ ! ★

Aufgabe 3: *Stelle selbst ein Fehlerbild her. Zeichne 10 Fehler dazu. Tausche das Fehlerbild mit einer anderen Person.*

11a Merke dir was! 

Aufgabe 1: *a) Präge dir die Blumen genau ein. Lege das Blatt dann mit der Seite nach unten und nimm dir das nächste Blatt.*

KOHL VERLAG Konzentration GRUNDSCHULE Steigerung Schritt für Schritt – Bestell-Nr. 11 649

11a Merke dir was!

Aufgabe 1: ***b)*** *Hast du dir die Blumen gut eingeprägt? Streiche auf dem Blatt die Blumen durch, die du* *NICHT* *auf dem vorherigen Blatt gesehen hast. Vergleiche dann die Seiten.*

11b Merke dir was! !

Aufgabe 1: *a) Präge dir die Namen der Kinder und ihrer Haustiere genau ein. Lege das Blatt dann mit den Bildern nach unten auf die Seite. Nimm das nächste Blatt.*

Elias Schildkröte

Maria Hund

Lena Hamster

Maja Maus

Max Papagei

Jonas Katze

Sofia Hase

Jasmin Meerschweinchen

Alex Schlange

11b Merke dir was! !

Aufgabe 1: ***b)*** *Verbinde die Namen mit den passenden Haustieren. Vergleiche mit dem Blatt zuvor.*

11c Merke dir was!

Aufgabe 1: *a) Jedes der Kinder denkt an eine bestimmte Sache oder Situation. Merke dir gut, welches Symbol zu welchem Kind gehört. Lege das Blatt dann an die Seite. Arbeite weiter mit der nächsten Seite.*

KOHL VERLAG
Konzentration GRUNDSCHULE
Steigerung Schritt für Schritt – Bestell-Nr. 11 649

11c Merke dir was! 

Aufgabe 1: ***b)*** *Trage das passende Symbol zu jedem Kind ein! Vergleiche mit der vorherigen Seite. Suche dir zwei der Kinder aus und schreibe eine Minigeschichte zu deren Symbolen auf.*

11d Merke dir was!

<u>Aufgabe 1</u>: *Suche dir noch 3 Partner. Schneidet das Memory auseinander und spielt es in der Gruppe. Wer hat das beste Gedächtnis?*

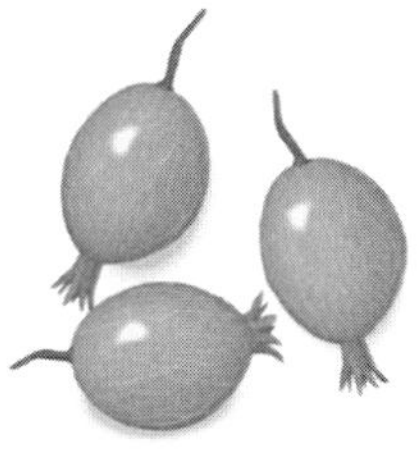

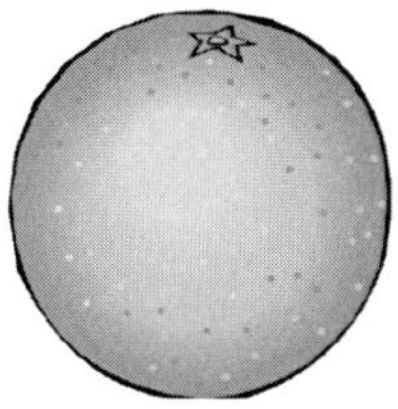

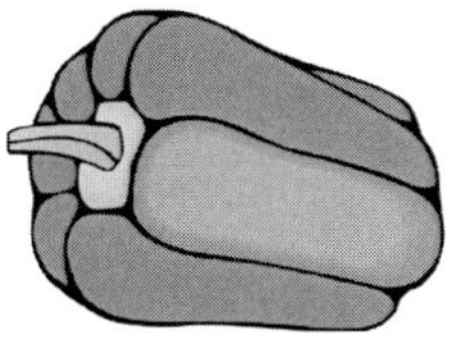

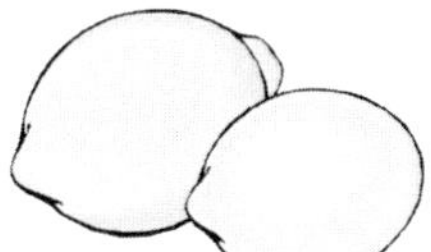

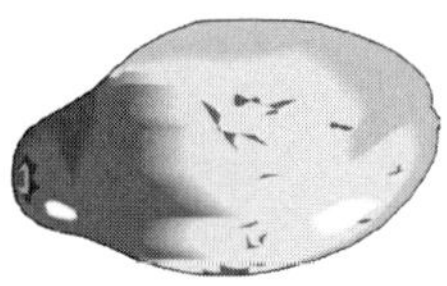

1a **Seite 6:** ⦿
Aufgabe 1:

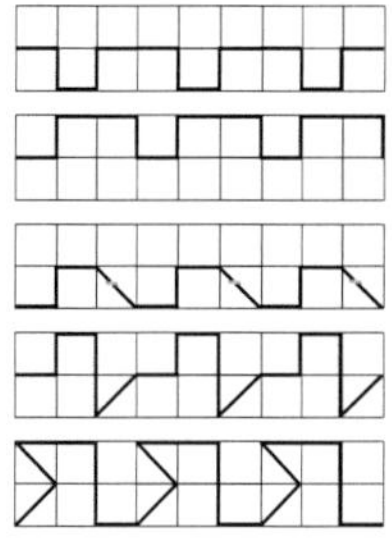

1b **Seite 7:** ! **Aufgabe 1:**

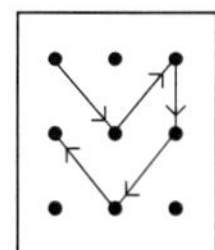
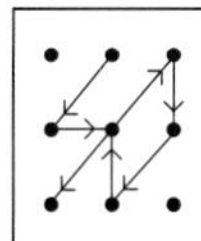
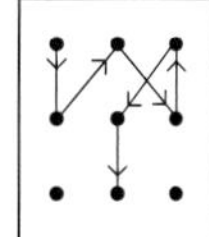
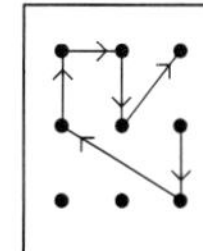

Aufgabe 2:

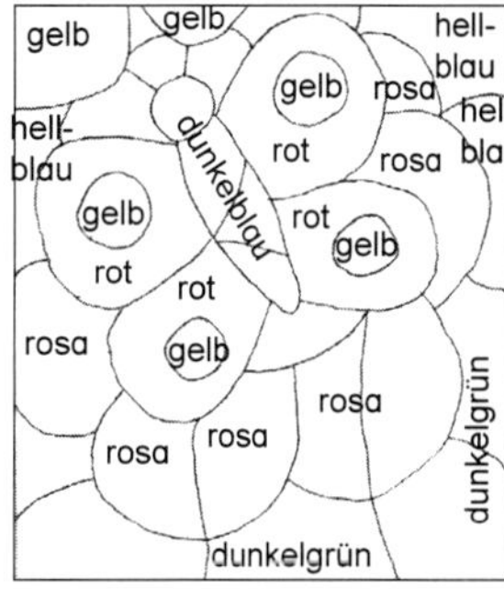

1c **Seite 8:** ★
Aufgabe 1:

Mögliche Lösung:

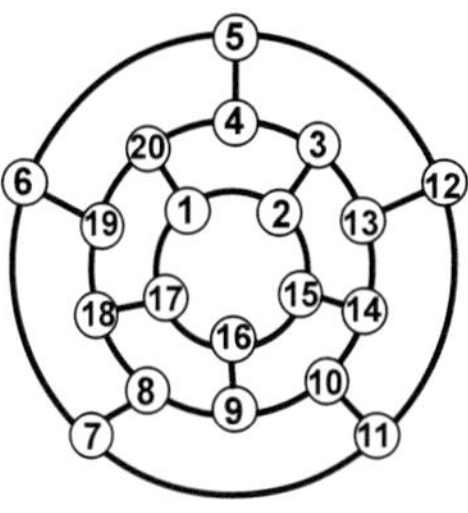

1d **Seite 9:** ⦿ ! ★
Aufgabe 1:

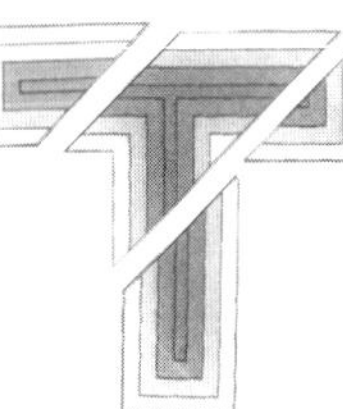

2a **Seite 10:** ⦿ **Aufgabe 1:**
Mögliche Lösung:

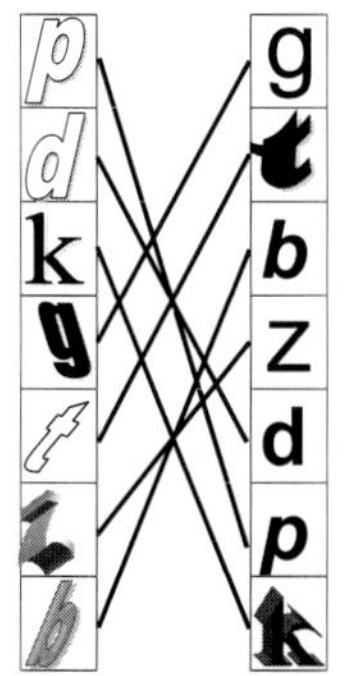
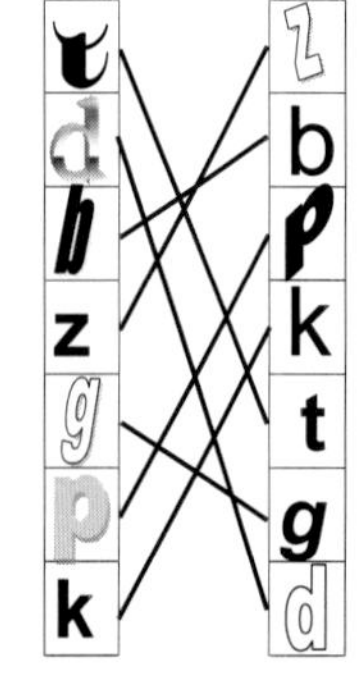

Aufgabe 2: Dieb/Bild, Beil/Leib/lieb

2b **Seite 11:** !

Aufgabe 1: 2samkeit, Re4, 7gebirge, 11enbein, ent2, 6zylindermotor, 4eck, 11meter, eintr8, durchd8, 9malklug, nachgem8, 1satz, 3st, 3eck, 5linge.

Aufgabe 2: Lösungswort: Lachen

2c **Seite 12:** ★

Aufgabe 1: 65 Schauspieler

Aufgabe 2:
In Hamburg lebten zwei Ameisen,
die wollten nach Australien reisen.
Bei Altona auf der Chaussee,
da taten ihnen die Beine weh,
und da verzichteten sie weise
dann auf den letzten Teil der Reise.

Aufgabe 3: Kaffeebar, Garderobe, Bilder, Affe, Knoten, Schaf, Sonne, Roboter, Wort, Zwilling, Zebra

2d **Seite 13:**
⦿ ! ★
Aufgabe 1:

Ich ging im Walde
So für mich hin,
Und nichts zu suchen,
Das war mein Sinn.

Im Schatten sah ich
Ein Blümchen stehn,
Wie Sterne leuchtend,
Wie Äuglein schön.

Ich wollt es brechen,
Da sagt es fein:
Soll ich zum Welken
Gebrochen sein?

Ich grub's mit allen
Den Würzlein aus,
Zum Garten trug ich's
Am hübschen Haus.

Und pflanzt es wieder
Am stillen Ort;
Nun zweigt es immer
Und blüht so fort.

Im Ofen knistert lustig laut das Feuer,
Phantastisch zucken Lichter hin und her,
Ins Spiel der Flammen starrt' ich, weltvergessen,
Mich überflutet der Gedanken Meer.

Vorüber zogen meiner Kindheit Tage,
So freud- und freundlos, wie bei Andern kaum,
Ein stumpfergebnes Tragen und Entsagen,
Kein sorgenloser, sonnenheller Traum.

Und halbzerdrückt sich von den Wimpern löste
Wohl eine Träne nach der andern leis',
Weiß nicht, ob Zornes- oder Sehnsuchtstränen
Doch bitter waren sie und brennend heiß.

Aufgabe 2: Individuelle Lösungen.

Lösungen

3a

Seite 14: ⊙

Aufgabe 2: Individuelle Lösungen.

3b

Seite 15: **!** **Aufgabe 1:**

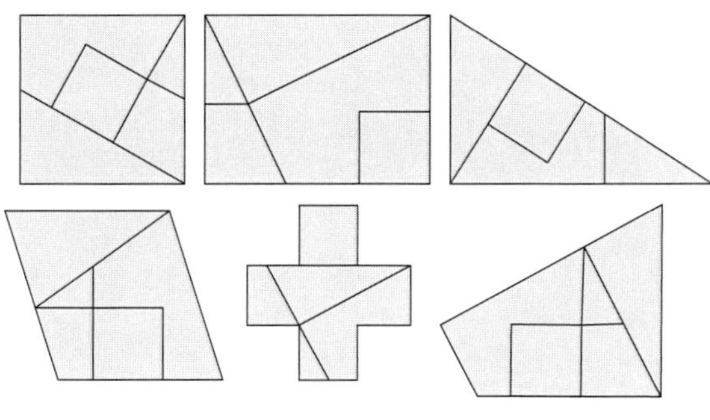

3c

Seite 16: ★ **Aufgabe 1:**

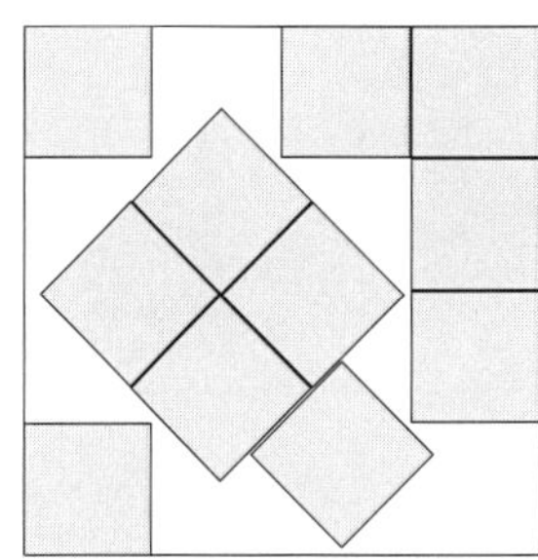

3d

Seite 17: ⊙ **!** ★ **Aufgabe 1:**

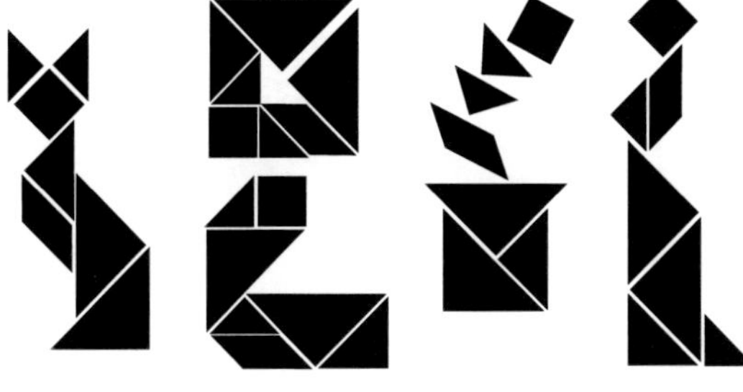

4a

Seite 18: ⊙

Aufgabe 1:

١٨ ٤٧٦ ٥٣٨٠ ٣٩٢٥٧

Aufgabe 2:

a) ١٨ **b)** ٥٥ **c)** ٥٨

Aufgabe 3:

a) 42 **b)** 3.400
c) 2.000.000 **d)** 115.000

4b

Seite 19: **!**

Aufgabe 1: 187

Aufgabe 2:

a) **b)** **c)** **d)**

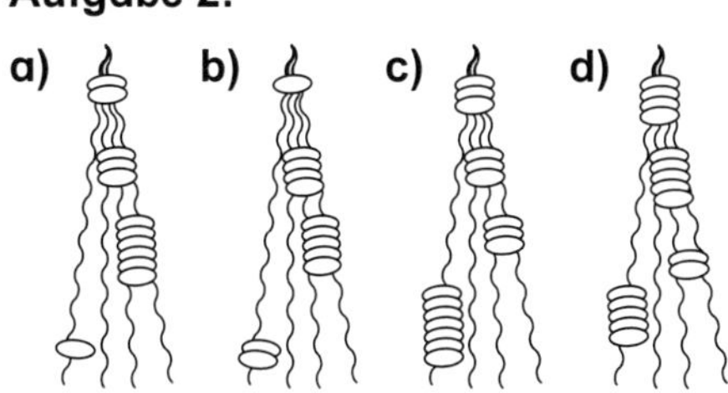

4c

Seite 20: ★

Aufgabe 2: 315; 208; 252; 231; 255

Aufgabe 3: 12; 12; 13; 11

Aufgabe 4: 72; 54; 48; 63; 30

4d

Seite 21: ⊙ **!** ★ **Aufgabe 1:**

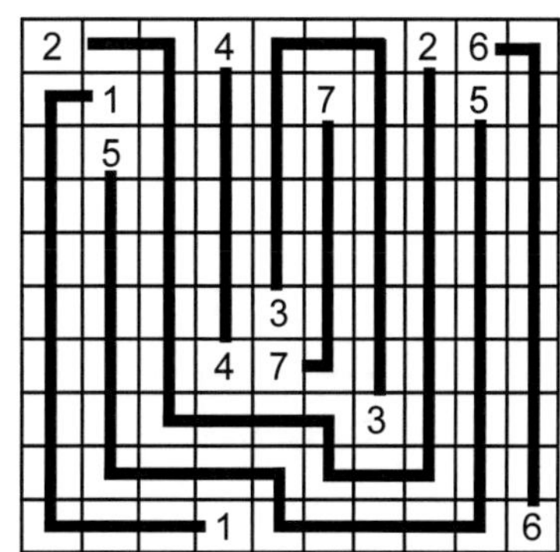

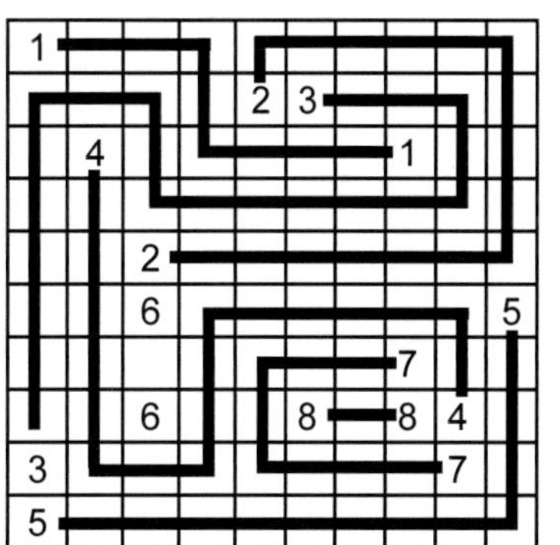

KOHL VERLAG Konzentration GRUNDSCHULE Steigerung Schritt für Schritt – Bestell-Nr. 11 649

Lösungen

5a

Seite 23: ⊙ Aufgabe 2:

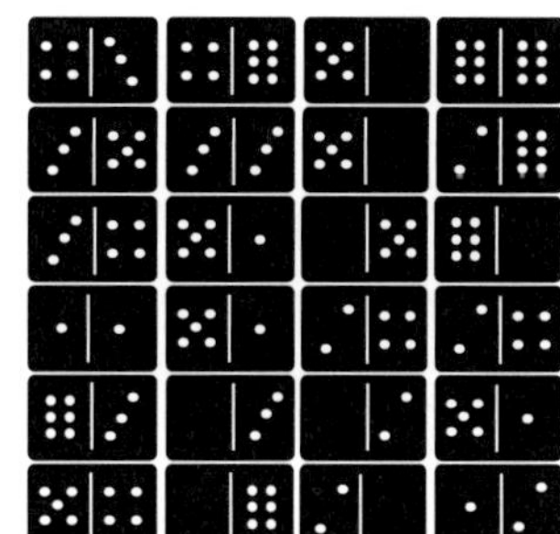

Aufgabe 3:

Aufgabe 4: Individuelle Lösungen

5b

Seite 24: ! Aufgabe 1:

Mögliche Lösung:

Aufgabe 2:

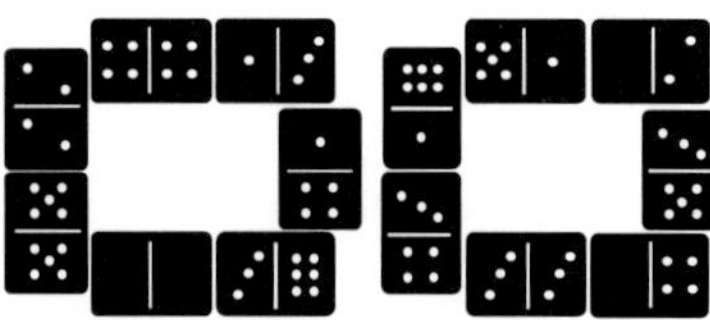

Aufgabe 3:

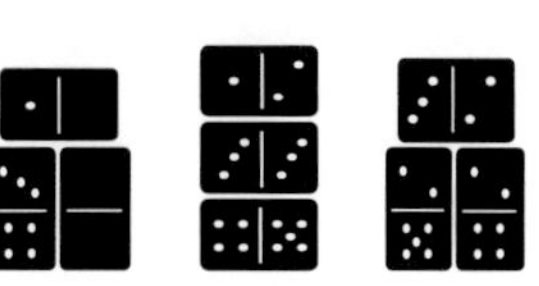

5c

Seite 25: ★ Aufgabe 1:

Aufgabe 2: Individuelle Lösungen, Anfänge gelegt

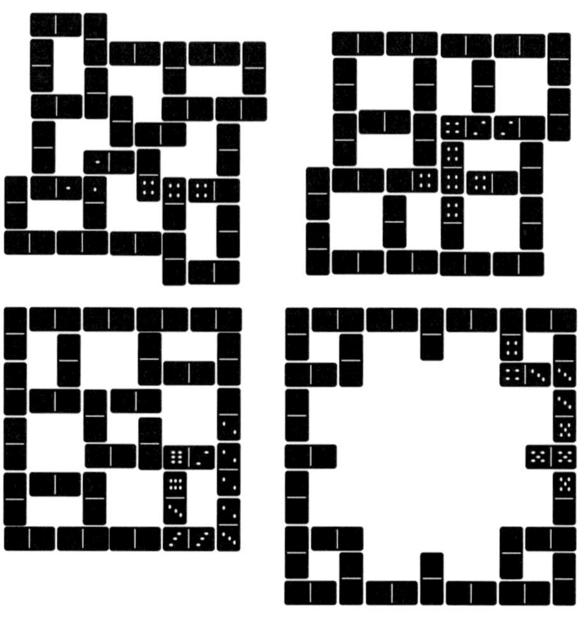

5d

Seite 26: ⊙ ! ★

Aufgabe 1: Individuelle Lösung

6a

Seite 27: ⊙ Aufgabe 1:

a) Schneemann; **b)** 1, dann ist das Glas nicht mehr leer; **c)** Eisennagel; **d)** Weidenkätzchen; **e)** Dachstuhl; **f)** und; **g)** Autobahn; **h)** Hering

Aufgabe 2:

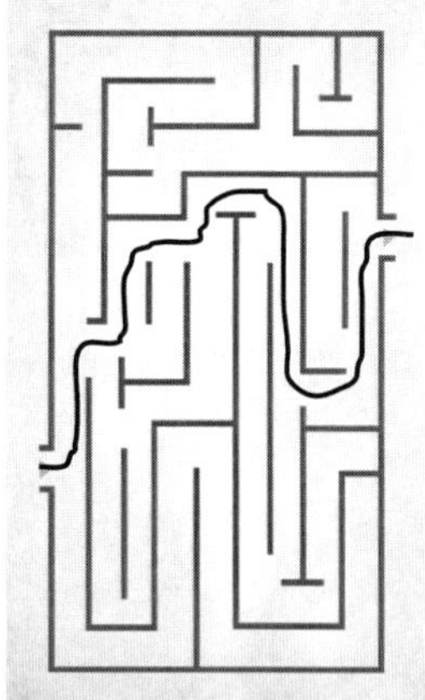

Aufgabe 3: a)

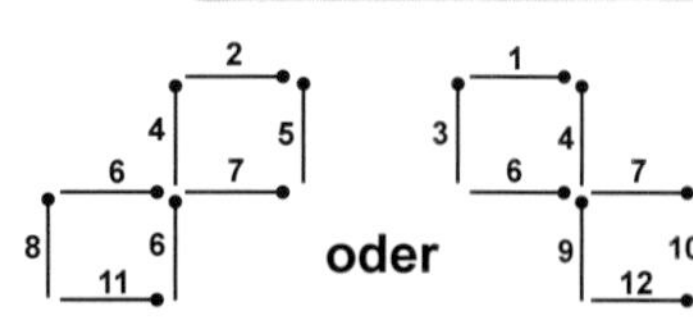

b) 20 Dreiecke (12 kleine, 6 mittlere und 2 große)

Konzentration GRUNDSCHULE

6b Seite 28: !

Aufgabe 1:

a) Schiedsrichter; **b)** Seepferdchen; **c)** Seelöwe; **d)** Jaguar; **e)** Schlüssel; **f)** Matrosen; **g)** Kartoffelpür; **h)** Schnecke (trägt ihr Haus)

Aufgabe 2:

a) 

b) Weg B

Aufgabe 3:

a) 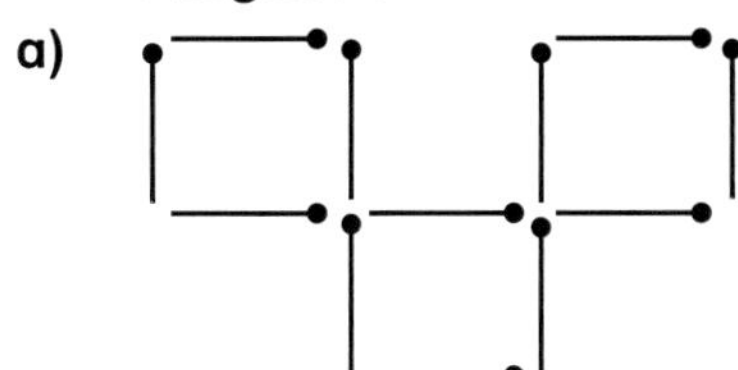

b) 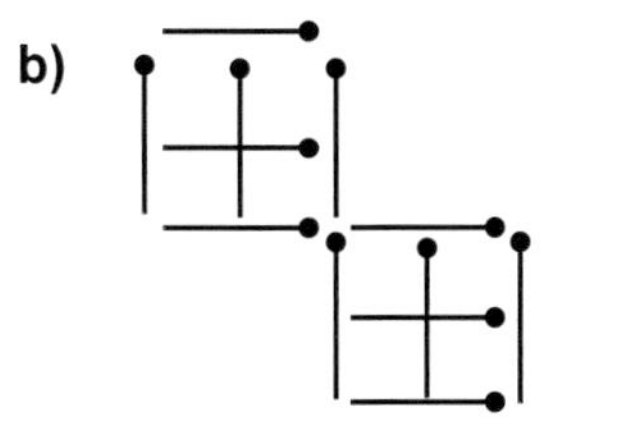

6c Seite 29: ! Aufgabe 1:

a) Zahnarzt; **b)** Mann über Bord; **c)** Fensterflügel; **d)** Geistesblitz; **e)** Imbiss; **f)** Kristall; **g)** Schornstein; **h)** Luftzug

Aufgabe 2:

a) 

b) 

Aufgabe 3:

a) 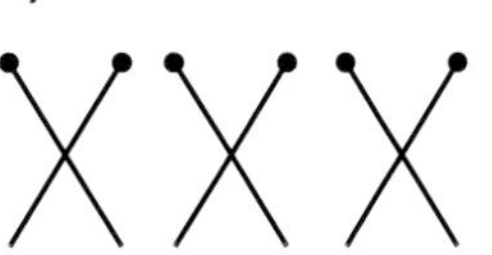

b) 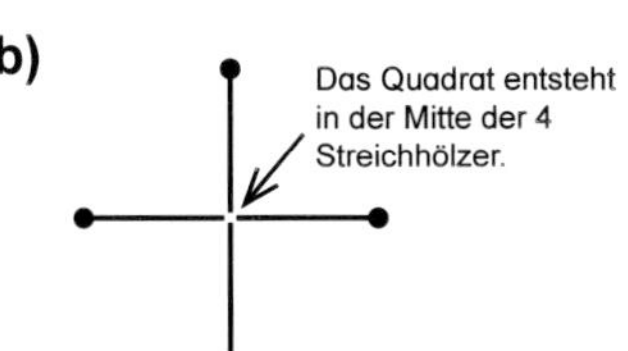

6d Seite 30: ⊙ ! ★

Aufgabe 1:

7a Seite 31: ⊙

Aufgabe 2:

Aufgabe 3: Bild C ist nicht spiegelbar.

7b Seite 32: !

Aufgabe 2: Bild D ist nicht spiegelbar.

7c Seite 33: ★

Aufgabe 2: Bild B ist nicht spiegelbar.

7d Seite 34: ⊙ ! ★

Aufgabe 1:

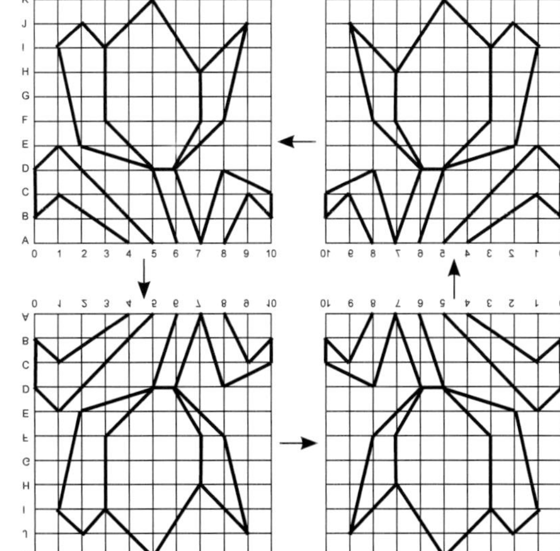

KOHL VERLAG Konzentration GRUNDSCHULE Steigerung Schritt für Schritt – Bestell-Nr. 11 649

8a Seite 35: ⊙

Aufgabe 1:
a) 7; **b)** 73; **c)** 56; **d)** 99

8b Seite 36: !

Aufgabe 1:
a) 263; **b)** 667; **c)** 3094

8c Seite 37: ★

Aufgabe 1:
a) 12.831; **b)** 4.325.679

8d Seite 38: ⊙ ! ★

Aufgabe 1:
29.604.835

Seite 39:

Aufgabe 2:
Individuelle Lösung

9a Seite 40: ⊙

Aufgabe 1:
Lösungswort: Gut gemacht

Aufgabe 2:

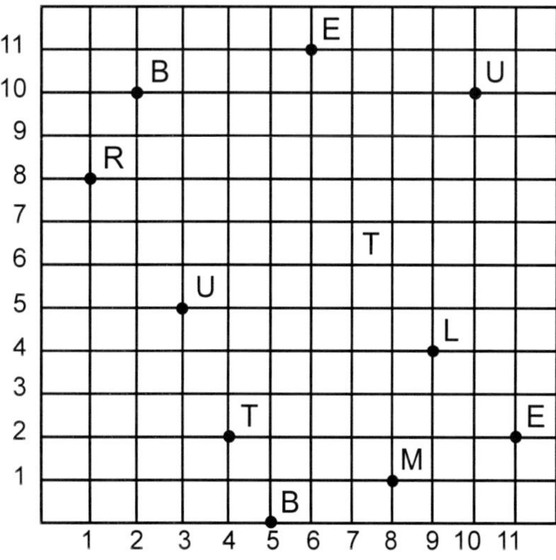

9b Seite 41: !

Aufgabe 1:

a) (8|3); **b)** (8|6); **c)** (4|7);
d) (6|11); **e)** (8|8)

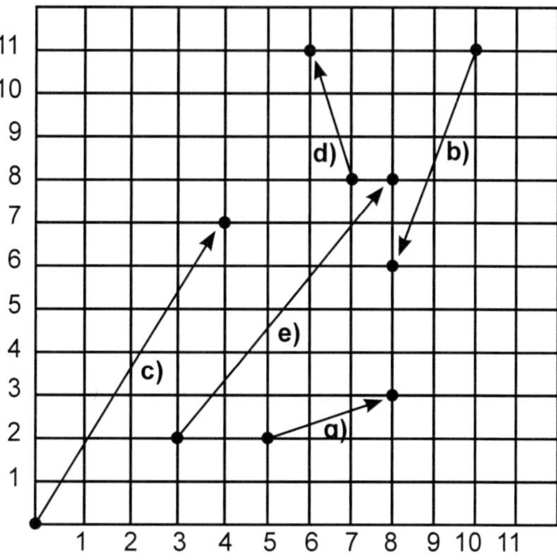

Aufgabe 2:

Geist (6,8) – Sonne (3,3) – Schneemann (10,10) – Fußball (2,10) – Eule (9,5) – Hand (7,2) – Schere (4,6)

9c Seite 42: ★

Aufgabe 1:

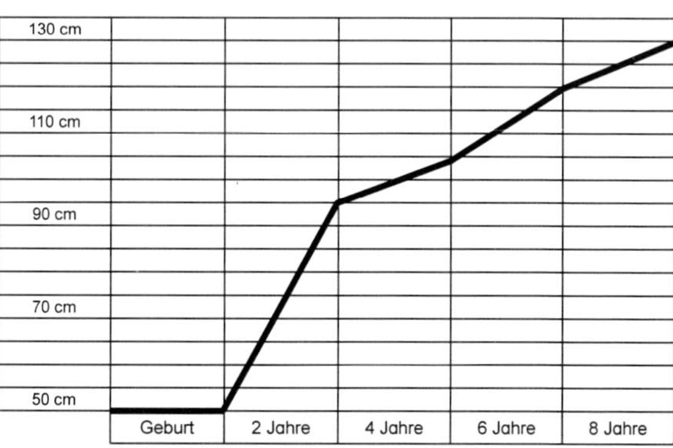

Aufgabe 2:

a) 35 cm, **b)** ungefähr 140 cm,
c) von Geburt bis 2. Jahr,
d) 115 und 125 cm

Aufgabe 3:

a) 6 Kinder haben 40 P.
b) 4 Kinder haben 22 P.
c) 7 Kinder haben 26 P.
d) 38 P., 32 P., 24 P., 22 P.

9d Seite 43/44: ⊙ ! ★

Aufgabe 1:

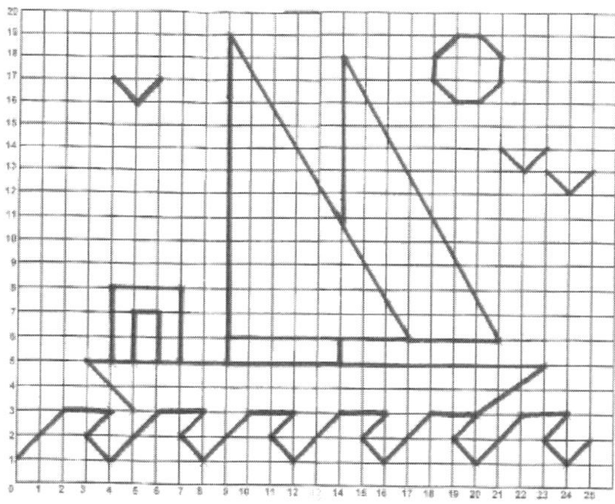

10a Seite 45: ⊙

Aufgabe 1:

Aufgabe 2:

Bild C ist nicht dasselbe.

Aufgabe 3:

a) Sonnenuhr, **b)** Türschloss, **c)** Treppenhaus, **d)** Zeitlupe

10b Seite 46: !

Aufgabe 1:

10b Seite 46: !

Aufgabe 2:

1-B, 2-C, 3-A

Aufgabe 3:

10c Seite 47: ★

Aufgabe 1:

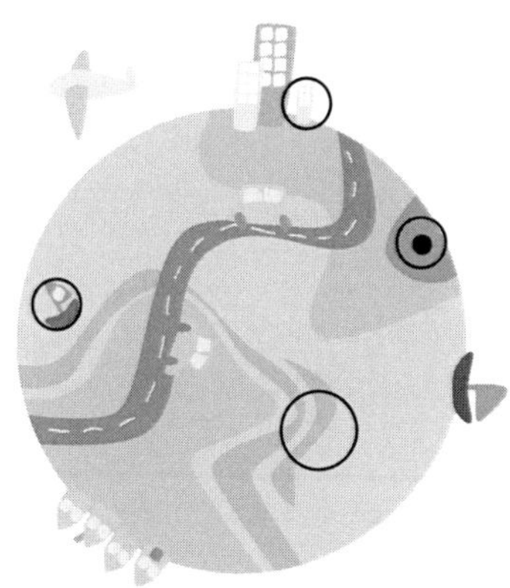

Aufgabe 2:

			S										
			C										
			H										
	S	O	N	N	E	N	S	C	H	E	I	N	
			E										
		G	E	W	I	T	T	E	R				
							T				S		
						S					I		
	S				O						E		
	T			R							T		R
	U		F						N		T		E
	R								E		A		G
	M								B		L		E
									E		G		N
					H	A	G	E	L				
			W	I	N	D							

Konzentration GRUNDSCHULE Steigerung Schritt für Schritt – Bestell-Nr. 11 649
KOHL VERLAG

10d **Seite 48:** ⦿ ! ★

Aufgabe 1:

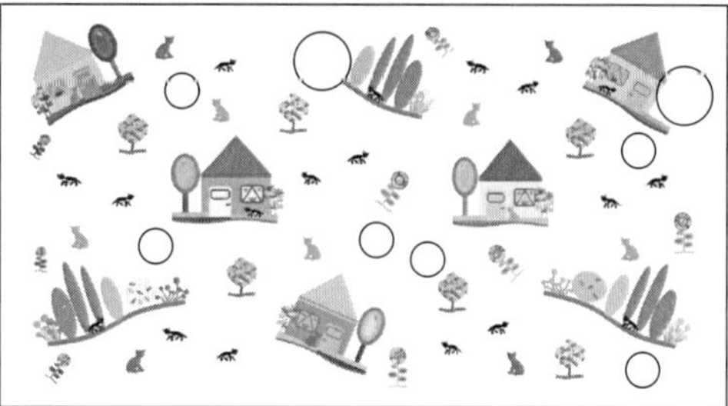

Seite 49:
Aufgabe 2:

Seite 50:

Aufgabe 3:

Individuelle Lösungen

11a **Seite 51/52:** ⦿

Aufgabe 1:

1. Reihe: 3. Blume
2. Reihe: keine Fehler
3. Reihe: 2. Blume
4. Reihe: 1. Blume
5. Reihe: 4. Blume

11b **Seite 53/54:** !

Aufgabe 1:

11c **Seite 55/56:** ★

Aufgabe 1:

Individuelle Lösungen

11d **Seite 57:** ⦿ ! ★

Aufgabe 1:

Individuelle Lösungen

Bildquellen

Seite 3 - 64	© clipart.com,
Seite 7	© ProMotion - fotolia.com,
Seite 12	© clipart.com, © clipart.com
Seite 13	© clipart.com, © clipart.com
Seite 18	© clipart.com,
Seite 19	© clipart.com (17x),
Seite 20	© clipart.com,
Seite 21	© clipart.com,
Seite 26	© julien tromeur - fotolia.com,
Seite 27/60	© fanny76- fotolia.com,
	© Rawpixel - fotolia.com,
Seite 28/61	© Vasily Merkushev - fotolia.com,
	© casaltamoiola - fotolia.com,
Seite 29/61	© adrenalinapura - fotolia.com,
	© soramat - fotolia.com,
Seite 30/61	© casaltamoiola - fotolia.com,
Seite 31/61	© clipart.com,
Seite 32	© clipart.com,
Seite 40	© wanchai - fotolia.com,
Seite 41	© sundatoon - fotolia.com,
	© clpart.com,
	© kalabukhava - fotolia.com,
	© clpart.com (2x),
	© blueringmedia- fotolia.com,
	© Studio Barcelona- fotolia.com,
	© clpart.com,
	© sundatoon- fotolia.com,
Seite 43	© clipart.com,
Seite 45/63	© clipart.com,
	© Yael Weiss- fotolia.com (4x),
	© Leoco - fotolia.com,
	© rodrusoleg - fotolia.com,
	© WavebreakMediaMicro - fotolia.com,
	© sss78 - fotolia.com,
	© K.-U. Häßler- fotolia.com,
	© cebreros- fotolia.com,
	© teracreonte- fotolia.com,
	© kikkerdirk- fotolia.com,
Seite 46/63	© Nataly Art- fotolia.com (2x),
	© thingamajiggs- fotolia.com (6x),
Seite 47/63	© thingamajiggs - fotolia.com (2x),
	© clipart.com,
Seite 48/64	© seventh june- fotolia.com (2x),
Seite 49/64	© seventh june- fotolia.com (2x),
Seite 50	© agaes8080 - fotolia.com,
Seite 51/52	© clipart.com (alle),
Seite 53	© denis_pc - fotolia.com (9x),
Seite 54/64	© Igor Zakowski - fotolia.com (3x),
	© tigatelu- fotolia.com,
	© seamartini Graphics- fotolia.com (5x),
	© tigatelu- fotolia.com,
	© Igor Zakowski - fotolia.com (3x),
Seite 55/56	© verkoka - fotolia.com,
Seite 57	© clipart.com (alle)